Iris Gerber Ritter (Hrsg.)

—

Das Künstlerhaus Postgasse 20 Bern

Das Künstlerhaus Postgasse 20 Bern

Hier bewegt sich die Idee

Herausgegeben von
Iris Gerber Ritter

mit einem Essay von
Nurja G. Ritter

Königshausen & Neumann

Inhaltsverzeichnis

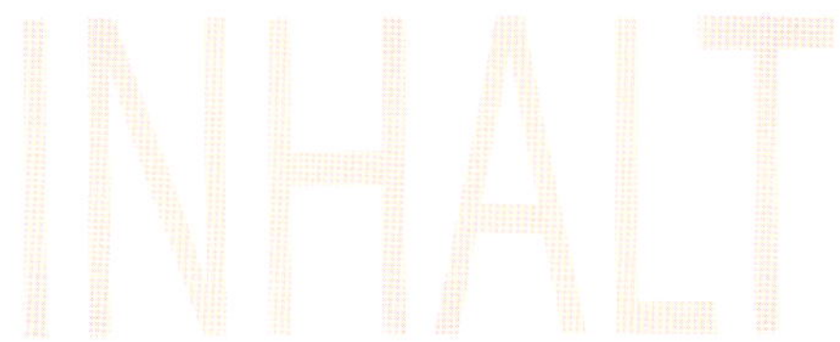

Hier bewegt sich die Idee. Ein Vorwort

Das Künstlerhaus ist ein Ort, an dem Berner Kunstszene stattfand. Seit den späten 1930er Jahren und bis in die heutige Zeit, exponiert während der gesellschaftlichen Umwälzungen der bewegten 1960er und 1970er Jahre mit den avantgardistischen Inszenierungen in den Kellertheatern der Altstadt, mit den progressiven, international beachteten Ausstellungen in der Kunsthalle, gingen und gehen von den Ateliers hier Impulse aus, die sich dem öffentlichen kulturellen Raum Berns beimischen.

Dieses Buch erzählt manchmal essayistisch, manchmal dokumentierend die 90-jährige Geschichte des Hauses, seiner Architektur, seinen Erinnerungen, von dem, was ihm eingeschrieben ist und ablesbar an Inschriften auf Täfer, Signaturen im Glas und den Verbrauchsspuren in Holz und Stein. Und es erzählt von den 18 Kunstschaffenden, die hier eine Zeit lang lebten und arbeiteten, leben und arbeiten, von ihren hier entstandenen Werken, ergänzt wo möglich mit Gesprächen und überall mit Abbildungen. Eine Bildstrecke führt in der Art einer Begehung durchs Haus.

VORWORT

Ein Kapitel widmet sich den Künstlerinnen und ihren Ateliers. Es fällt auf, und das entspricht nicht dem Schnitt der in offiziellen wie privaten Kunstinstitutionen gezeigten Künstlerinnen, dass im Künstlerhaus von Anfang an Frauen arbeiteten und ausstellten. In der Bilanz über die 90 Jahre sind von den 18 Kunstschaffenden 10 Künstlerinnen. Eine davon, Verena Felber, beschreibt ihre Atelierzeit im Künstlerhaus an der Postgasse: Hier bewegt sich die Idee. Es sind da eben Ermöglichungsräume.

Wie weit gehen Erinnerungen zurück?

Die der eigenen Biografie, die der Familie? Frühestes Erinnern kann gemäss entwicklungspsychologischen Erkenntnissen bis zurück ins dritte Lebensjahr gehen, punktuell zwar und nur mit spärlich verstreuten Erinnerungspunkten; was so noch recht lange bleibt, bis die Punkte dichter werden, aber Punkte bleiben. Später im Leben, wer wüsste Geburts- oder Sterbedaten, da eher noch den betreffenden Tag als das dazugehörige Jahr, Lebensorte, geschweige denn Vorlieben oder Wesenszüge von Familienmitgliedern der letzten Generation, der vorletzten? Das persönliche, nicht anders als das kollektive Gedächtnis, arbeitet selektiv, lässt verblassen, verschwinden, und was es behält, wirft es in den Prozess stetiger Veränderung.

Bei einem Haus verhält es sich recht ähnlich, es hat Gedächtnis und Erinnerung, auch wenn beide selektiv sind, und doch ist es Speicher des Lebens, das in ihm stattfand und stattfindet. In Spuren und Zeichen ist ihm seine Geschichte eingeschrieben. Genau nach dieser wird hier geforscht. Das Haus kann erzählen.

ERINNERUNGEN

Einfacher ists, den Erzählungen der in ihm lebenden Personen zuzuhören. Vorab sei hier Marianne Vögeli erwähnt, die seit 1959 in diesem Haus wohnt und es daher bestens kennt. Ihr Erzählen und Hinweisen, ihre zusammengetragenen Dokumente, Fotos und sonstigen Materialien, waren zur Entstehung dieses Buches wertvoll und Ausgangspunkt vieler ergänzender Recherchen. Es sei ihr dafür bestens gedankt. Auch für die vielen Gespräche mit Personen, die in je eigener Art mit dem Künstlerhaus verbunden waren oder nach wie vor sind, sei gedankt. Sie alle bereichern die Geschichte, das Portrait des Hauses.

DAS HAUS

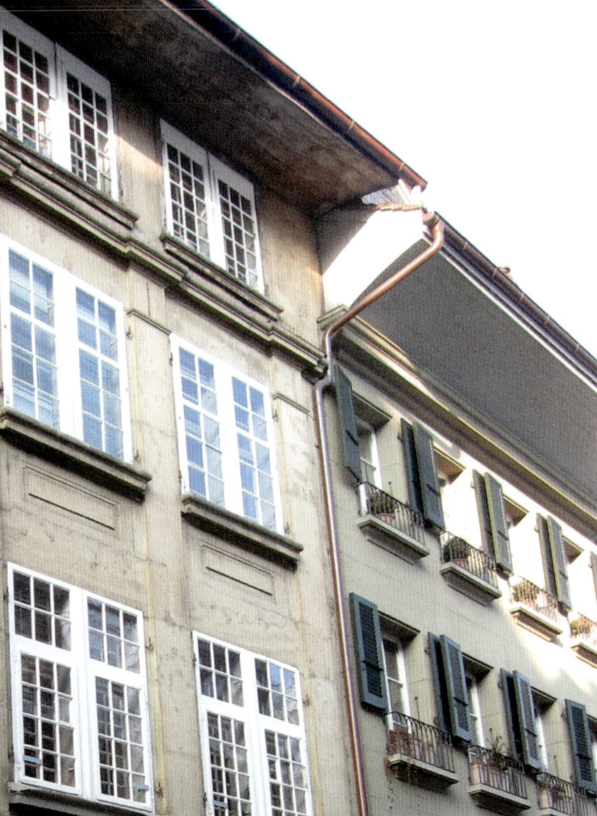

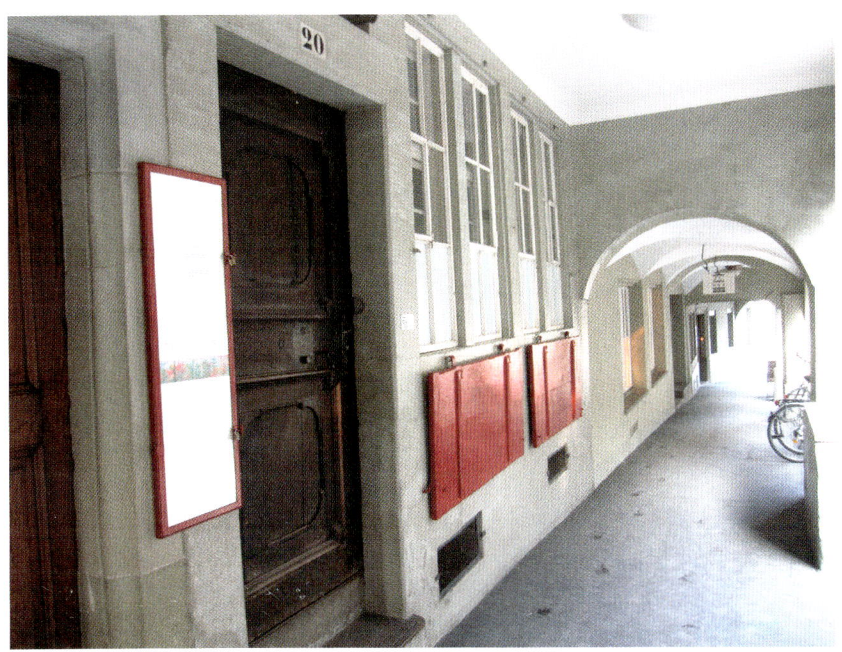

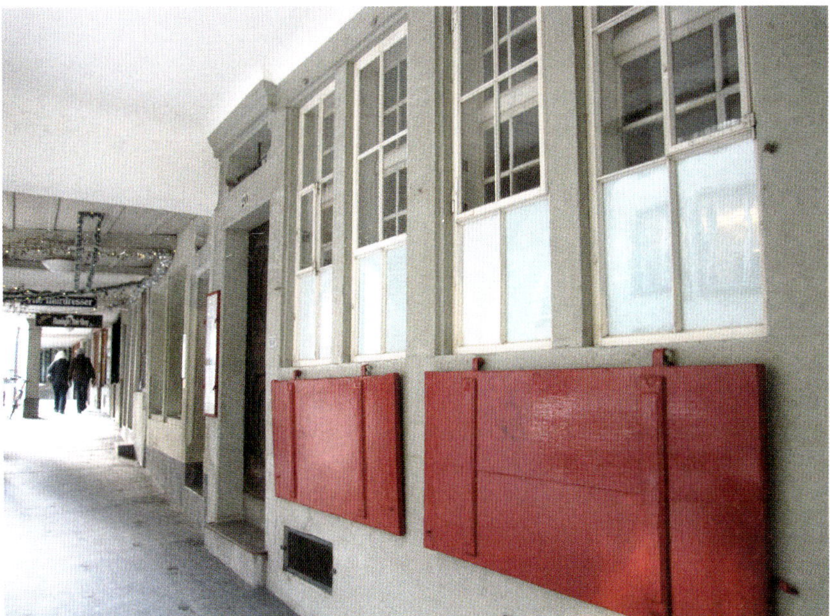

links – Hoher Laubenbogen, drei Stockwerke zur Gasse hin: das Künstlerhaus.
oben – Eingang, Laubengang stadtabwärts.
unten – Laubengang stadtaufwärts.

Esther Altorfer
Pia Berla
Verena Felber
Simon Fuhrer
Nick Hosig
Hans E.G. Jegerlehner

DIE KÜNSTLER:INNEN

Lilly Keller
Gottfried Lüscher
Egbert Moehsnang
Alexander Müllegg
Judith Müller
Meret Oppenheim
Marie-Françoise Robert
Andreas Roth
Walter Schälchli
Elsa Stauffer
Marianne Vögeli
Walter Vögeli

1 Das Künstlerhaus

Seine Geschichte kann mit Sicht auf die Künstler:innen gezeigt werden, und sie kann mit Sicht auf das Haus gezeigt werden. Zusammen entsteht ein Bild des Künstlerhauses. Die eine ist ohne die andere nicht denkbar. Eine gegenseitige Bedingtheit und Abhängigkeit. Durch die Betrachtung des Hauses lässt sich erahnen, dass hier Ermöglichungsräume geworden sind.

Das Haus ist alt und in einem weitgehend ursprünglichen Zustand geblieben. Zumindest lässt sich vom heutigen Erscheinungsbild leicht in frühere Zeiten zurückdenken. Hier wird seit Jahrhunderten gewohnt und gearbeitet. In den Kellerräumen waren, so zeigen es die Unterteilungen und Zugänge, nicht nur Holz, Kohle und Vorräte, es waren Handwerkerbuden drin, Dachdecker, Schreiner, deren Erzeugnisse das Leben und Aussehen der Stadt über Generationen mitprägten. Nicht anders verhält es sich mit den Stockwerken und dem Dachboden.

KÜNSTLERHAUS

Vom zentralen Treppenhaus, gleichzeitig Lichtschacht, geht beidseitig je ein Wohnteil weg. Küche, dann das oder die Zimmer, ein Teil nach Süden, einer nach Norden. Diese Einteilung ist die Übliche in der Altstadt. Äussere Veränderungen am Haus, als markanteste sei die Aufstockung erwähnt, und Ausbauten im Innern wurden mehrfach vorgenommen. Fliessendes Wasser war nicht immer im Haus, Elektrizität und Gas kamen ebenfalls später dazu und sind, obschon in ihren Armaturen und Geräten wieder veraltet, in Bezug zur Existenz des Hauses doch moderne Accessoires.

Die Jahre, während derer Künstler:innen hier an ihrem Werk waren und sind – die einen, die ihre Abkehr von gesellschaftlichen Erwartungen und Zwängen lebten, andere ihre Freiheit, ihre Verwirklichung suchten, ihrem Entschluss und ihrer Ermächtigung zur Kunst Raum und Zeit gaben, Raum hatten für das Denken und Experiment – zeichnen sich ab im Haus, in Spuren, Zeichen, im Verbrauch. Mit Terpentinflecken im Parkett, Inschriften auf Täfer, Kerben im Holz oder Signaturen im Glas wird Zeit sichtbar und Geschichte lesbar.

Die Gründung – Ein definierter Anfang fand nie statt

Die Bezeichnung Künstlerhaus wird im Artikel im *Der Bund* von 1959 zwar verwendet, aber als Name gebräuchlich wird er erst viel später. Dem Bestreben des Vorbesitzers namens Biedermann, Künstler:innen günstige Wohn- und Arbeitsräume zu bieten, führte zur Häufung von Ateliers im Haus und zog die Bezeichnung Künstlerhaus nach sich. Jedoch hat nie ein Schriftzug in der Laube oder an der Fassade darauf hingewiesen, und ein Sekretariat, das die Verwaltung übernommen, Bewerbungen für einen Atelierbezug entgegengenommen hätte, hat nie existiert. Die Ateliermieter:innen verwalteten sich aus sich selbst heraus, Nachfolger:innen für leer werdende Räume rekrutierten sich aus Bekanntenkreisen, jemand wusste von jemandem, es ging von Mund zu Mund, von Hand zu Hand und nach Absprache. Verträge waren lange nicht üblich. Tatsächlich scheint die Ortsbezeichnung Künstlerhaus erst 2005 auf, und zwar in einem von Marianne und Walter Vögeli, den späteren Hausbesitzern, verfassten Prospekt zuhanden der *Visarte,* dem Berufsverband der visuell schaffenden Künstler:innen, der die Mitglieder über Ausstellungsmöglichkeit an der Postgasse 20 informierte. Seither hat sich der Begriff etabliert, im Ausstellungstitel *70 Jahre Künstlerhaus* von 2011 wird er als Bezeichnung über die zurückliegenden Jahrzehnte gezogen und gilt seither als Definition. Das Künstlerhaus hat keinen datierbaren Anfang, es ist dazu geworden.

Ein Buch, zwei Zeitungen und Spuren im Haus

Im Buch *Inventar der Kunstdenkmäler des Kantons Bern* ist die erstmalige schriftliche Erwähnung des Hauses zu finden. Baujahr und sein früheres Aussehen lassen sich nicht mehr feststellen:

Um 1720 erhält das schmale spätgotische Haus Nr. 20 die heutige viergeschossige Vorderfront. Über tief ansetzendem Segmentbogen zwei schlanke Achsen einsprossiger Kuppelfenster zwischen drei hohen Pilastern, deren scharf geschnittene Kämpfer auf dem Kranzgesims aufsitzen; unter den Fensterbänken der zwei Hauptgeschosse Breitrechteck-Füllungen in sehr zartem Relief. Die ansprechende Fassade geht mit Gerechtigkeitsgasse 6 und Kesslergasse 29 nah zusammen. In der Laube Erdgeschossfenster mit Klappladen und Oberlichteingang mit charakteristischer Louis XIV-Eichentüre; vortrefflicher schmiedeeiserner Ringklopfer. Im 2. Stock wohlerhaltene Küche aus der Zeit des Achteck-Wendelsteins; in allen Wohnungen heute Maler- und Bildhauerateliers.[1]

Das Wort ‚heute' im letzten Satz wurde 1959 geschrieben. *In allen Wohnungen heute Maler- und Bildhauerateliers.* Wann hat 'heute' begonnen? Wie lange ist 'heute', könnte in Anlehnung an Berlins Wandbild *HOW LONG IS NOW* [Wie lang ist das Jetzt][2] gefragt werden. Seit wann waren in allen Wohnungen Maler- und Bildhauerateliers?

Die Antwort gibt es nicht. Denn es gibt keine Unterlagen, weder Verträge noch Grundsatzerklärungen, keinen datierbaren Anfang, keine Gründung mit definierter Absicht für ein Künstlerhaus.

Die früheste belegbare Erwähnung der Ateliers ist in einem Zeitungsartikel aus dem Jahr 1941 zu finden. In der Ausgabe vom 6. September der Zeitung *Berner Woche* wird unter der Überschrift *Sous les toits de Postgasse 20* erstmals über fünf Künstler:innen geschrieben. Das Wort Künstlerhaus aber fehlt noch.

1 *Die Kunstdenkmäler des Kantons Bern, Paul Hofer 1959*. Die Kesslergasse wurde 1967 in Münstergasse umbenannt.

2 *HOW LONG IS NOW*: Das Wandbild der Gruppe Globalodromia entstand 1997. Es war am Haus Tacheles an der Oranienburger Strasse in Berlin angebracht. 2019 fiel es der Neuüberbauung des Geländes zum Opfer, wurde aber an der Friedenstrasse in Berlin-Friedrichshain rekonstruiert.

Zeitungsartikel von 1941, die erste Erwähnung.

Und so treffen wir denn gleich im selben Haus Postgasse 20, fünf Menschen, die mit Liebe und Hingebung ihrem Berufe nachgehen. Über die engen Treppen hinauf gerät der Besucher in die verschiedenen Ateliers. Auf der Schattseite, Front Postgasshalde, haben eine Bildhauerin, Fräulein Elsa Stauffer, und 2 Maler sehr verschiedener Richtung, Alex Müllegg und Simon Fuhrer, ihre Werkstätten aufgeschlagen, und an der Sonnseite wohnt im dritten Stock oben Herr Acconci, ein begabter Musiker, und im ersten Stock arbeitet Herr Nussbaum, ein Italien-Schweizer, mit Liebe und Sorgfalt an seinem Arbeitstisch. Wer glaubt da nicht, in das Herz aller Künstlerwelten, auf dem Montmartre in Paris, Einkehr zu halten?
Hans Stucki, *Berner Woche* vom 6. September 1941

Die Bildhauerin, der Schnitzler, die Musiker und die beiden Maler – 1936 bis 1941

Elsa Stauffer, Robert Nussbaum, die Brüder Acconci, Simon Fuhrer und Alexander Müllegg

Der damals 23-jährige Simon Fuhrer ist der erste nachweisbare eingemietete Künstler, von dem, im Gegensatz zu Nussbaum und Acconci, biografische Angaben vorhanden sind und ein zumindest in Teilen bekanntes Werk als Maler. Er zog 1936 ein und arbeitete bis 1942 in seinem im dritten Stock nordseitig gelegenen Atelier.

1939 zog Elsa Stauffer ein. Sie kam kriegsbedingt von ihren Parisaufenthalten zurück, vom Unterricht bei Ossip Zadkine, von ihrem in dessen Atelier integrierten Arbeitsplatz – Zadkine, der seinerseits aus Frankreich emigrieren und nach Amerika fliehen musste. Sie bezog den grossen nordseitigen Parterreraum mit Veranda und Balkon und hatte sich nach diesem kompletten Bruch hier neu einzurichten. In der ersten Zeit in Bern musste sie zurück in ihren erlernten Beruf der Arztgehilfin. Im Adressverzeichnis der Stadt Bern vom Jahr 39 liess sie wohl auch deshalb *E. Stauffer*, *Empfangsfräulein* eintragen, im darauffolgenden Jahr änderte sie ihn auf *Bildhauerin* und 1942 hatte sie, gemäss Eintrag, für ungefähr ein Jahr ihre Schwester, *Stauffer Hanna, Privatlehrerin* mitangegeben.

Schon zu ihrer Zeit war das Kassettenparkett im Parterreraum, ihrem Arbeits- und Lebensraum, fleckig vertropft. Denn vorgängig war hier ein Flachmalergeschäft eingemietet, Malermeister Johann Heinrich Schmuki.[3] Im Raum wurde mit Farben, Terpentin und Lacken hantiert, wurde ab- und umgefüllt, wurde getropft. Davon kann vom Boden heute noch abgelesen werden, so wie von der Wand beim Hauseingang. Rechts neben der schweren Eichentür zur Gasse steht geschrieben: Maler. Der Rest des auf braunrot marmoriertem Grund gemalten Schriftzugs verschwindet unter später angebrachtem Wandverputz. Würde der weggespitzt, käme wahrscheinlich der Name Schmuki zum Vorschein. Oder vielleicht de Quervain, dessen Vorgänger. Eher Schmuki, denn de Quervain, in den 1870er Jahren geboren und späterer Grossvater des Künstlers Daniel de Quervain (1937–2020), war um die Jahrhundertwende und nur für wenige Jahre hier, nochmals etliches früher. Er war Restaurator, hatte in München studiert und begann nach seiner Rückkehr nach Bern, um

3 Schmuki, J. Heinr., Malermstr, Adressbuch, www.digibern.ch.

Fuss fassen zu können, in der Postgasse 20 vorerst mit einem Flachmalergeschäft. Sehr bald aber bekam er Restaurierungsaufträge und gab die Flachmalerei an seinen Geschäftspartner Schnyder weiter. De Quervain & Schnyder eröffneten darauf an der Jungfraustrasse ein Geschäft und Malermeister Schmuki übernahm den Parterreraum im Künstlerhaus. Die Tropfen im Parkett datieren also aus der Zeit vor Elsa Stauffers Einzug. Die Farben waren, wie heute zu sehen ist, von guter Qualität, haltbar seit hundert Jahren, der Schriftzug an der Wand ist weder ausgeblichen noch bröckelnd.

1939, da musste auch schon Robert Nussbaum, der Holzbildhauer, im ersten Stock südseitig eingemietet gewesen sein. Er wird hier nicht als einer der Künstler aufgeführt, weil von ihm weder Lebensdaten noch das Einzugsjahr ins Haus überliefert sind, weder eines seiner Werke mehr nachweislich vorhanden noch bekannt ist, ob es Schnitzereien für Möbel, Innenausbau oder Fassaden waren, und wo die gegebe-

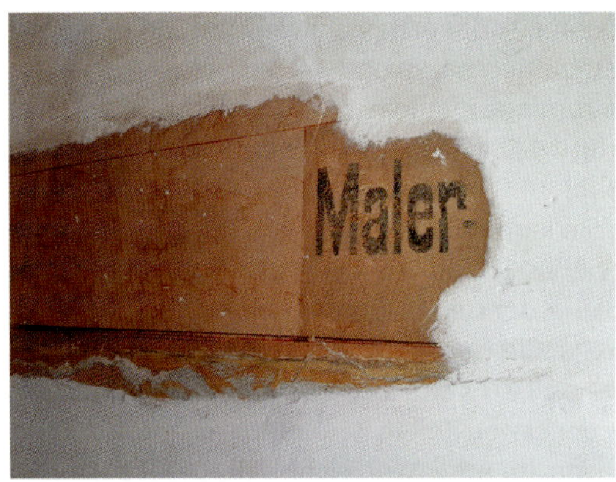

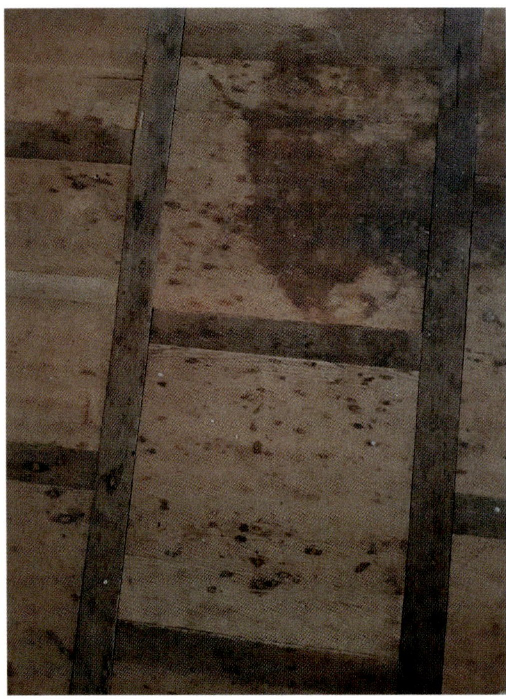

oben – Schriftzug des ehemaligen Malergeschäfts im Erdgeschoss.

unten – Tropfen auf dem Parkett, Spuren des Malergeschäfts.

nenfalls wären. Aber an ihn erinnert sich das Haus, ihm ist er buchstäblich eingeschrieben. Seinen Namenszug hat er gleich einer Signatur in eine der kleinflächigen Fensterscheiben im 1. Stock zur Gasse hin eingeritzt. Da stehts: Nussbaum.

Das Foto zum Artikel *Sous les Toits de Postgasse 20* in der *Berner Woche* von 1941 zeigt Nussbaum an der Werkbank stehend, mit Klüpfel und Beitel ein nicht sehr grosses Stück Holz bearbeitend. Skulpturen, Figuren, Holzschnitte und Reliefs stehen in der Werkstatt. Die Frage, wo sie hingekommen sind, wo Dekorationsreliefs noch angebracht sein, Skulpturen noch stehen könnten, kann nicht beantwortet werden. Zu einer knappen Information zu seiner Person verhilft wiederum das Adressbuch der Stadt Bern: *Nussbaum Anna, Blumenmacherin* und *Nussbaum Robert, Schnitzler*, sind durch die 40er Jahre darin aufgeführt.

Der Journalist Hans Stucki hatte für besagten Zeitungsartikel auch Alexander Müllegg besucht und ihn an der Staffelei fotografiert. Müllegg war also schon Mieter und würde es bleiben bis ins Jahr 1982. Doch im Adressbuch ist

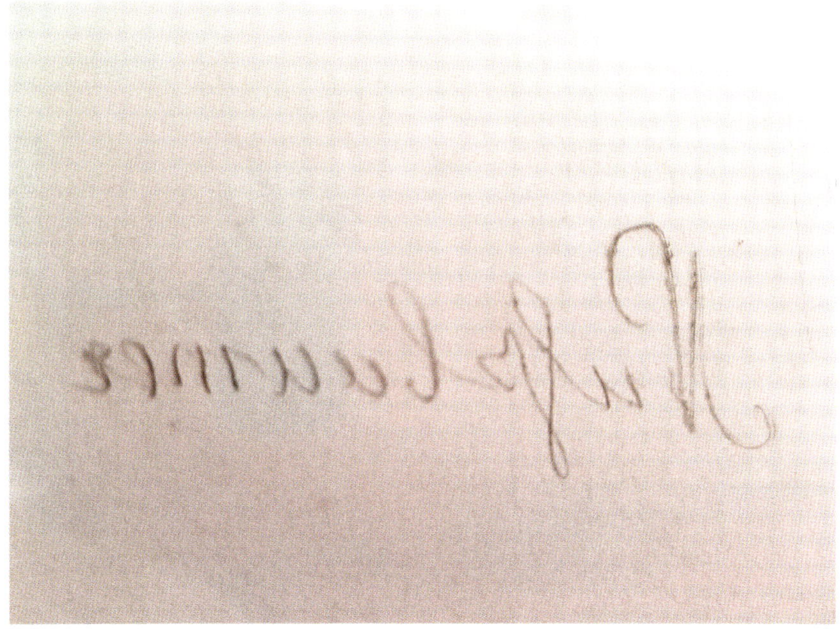

Ins Fensterglas geritzte Signatur Nussbaums, von aussen gesehen.

von Müllegg nie ein Eintrag zu finden, denn wohnhaft war er an der Wyttenbachstrasse, an der Postgasse war nur das Atelier. Telefonanschluss war damals noch keiner vorhanden.

Der fünfte erwähnte Künstler, ist der Musiker Acconci. „Aus dem Fenster des sauberen Musikerstübchens gleitet der Blick über die Dächer der Altstadt mit ihren Winkeln und Ecken, und die Mittagssonne hat freien Zutritt in das Reich des Musikers." Violine, Akkordeon und Mandoline hätte er gespielt, heisst es weiter im Artikel, aber mehr, als dass er gemäss der Beschreibung im dritten Stock zur Gasse hin wohnte und spielte, ist von ihm nicht aufzufinden. Das Adressbuch listet 1941 *Acconci, Guglielmo, Pianist* und *Acconci, Adriano, Kapellmeister* und *Acconci Dino* auf. Wer wohnte oder übte hier, einer oder alle drei, wer spielte Violine, Akkordeon und Mandoline, wer wurde vom Journalisten besucht und fotografiert?

Der neben den Künstler:innen verbleibende Bewohner gemäss Adressbuch aus diesen Jahren war *Bühler, Chr. W. Tapezierer*. Aufgeführt ist zudem *Biedermann, Ad., gew. Postbürochef*, als der Besitzer des Hauses, aber nicht dort wohnhaft.

Ebenso ein Kunsthandwerker wie Nussbaum war Max Jauner mit seiner Antik- und Möbelschreinerei. Drechslerarbeiten und Intarsien führte er aus, baute Möbel nach barocken Vorlagen und in der Art der französischen Louis-Stile. An der Hausrückseite, also an der Postgasshalde Nummer 7 und dort mit eigenem Eingang von der Strasse her, hatte er seine Werkstatt. Er kam zwar später als Nussbaum ins Haus, datieren lässt es sich nicht, aber wie sich dieser mit seiner Signatur in die Fensterscheibe dem Haus eingeschrieben hat, schrieb auch Jauner sich ein, am linken Türpfosten seines Werkstatteingangs, mit Ornamenten und Initialen in den Sandstein.

Die Malerin, die Maler, der Plastiker und der Kupferstecher – nach 1941

Judith Müller, Walter Schälchli, Hans Jegerlehner, Egbert Moehsnang, Walter Vögeli, Marianne Vögeli und Gottfried Lüscher

Tatsächlich gibt es über die 50er Jahre schon mehr Dokumente, wenn auch eingeschränkt auf einzelne Personen und deren öffentliche Aktivitäten. Das künstlerische Schaffen, also der Werkprozess an sich, wurde als eine gleichsam innere Angelegenheit angesehen, und das darüber Berichten nicht in Betracht gezogen. So ist vielfach nur das der Öffentlichkeit präsentierte, abgeschlossene Werk vorhanden, vom Denk- und Werkprozess der Künstler:innen hat kaum etwas den geschützten Raum der Ateliers verlassen.

Dadurch dass das Künstlerhaus nie als Institution oder Gesamtheit, geschweige als Labor oder Experimentierfeld einer Gruppe funktionierte, wurde weder eine Art Buchführung noch eine Dokumentation für ein internes Archiv aufgebaut, keine Gesamtbetrachtung, keine gemeinsamen Initiativen angestrebt. So ist auch nicht bekannt und nicht mehr rekonstruierbar, wann genau der Maler Walter Schälchli dort ein Atelier bezog. Belegbar, beispielsweise durch Mietverträge, sind hingegen die Zuzüge der Malerin Judith Müller im Jahr 42, als sie Simon Fuhrers Atelier nach dessen Wegzug übernahm, des Malers Hans Jegerlehner im Jahr 44, des Kupferstechers und Malers Egbert Moehsnang 52, und des Malers und späteren Plastikers Walter Vögeli 54 sowie der Einzug von Gottfried Lüscher, wiederum ein Maler, im Jahr 56.

Ein weiterer Zeitungsartikel erscheint am 3. Mai 1959 im *Der Bund* mit dem Titel *Sieben Künstler unter einem Dach,* der mit Fotos und wenigen Worten Müllegg, Moehsnang, Schälchli, Vögeli und Stauffer portraitiert. Bedauernd wird angemerkt, dass Lüscher und Müller nicht anzutreffen waren, Lüscher wegen auswärtiger Landschaftsmalerei und Müller wegen Unentschiedenheit, den Reporter empfangen zu wollen.

Die Maler Schälchli, Lüscher und Jegerlehner sind ebenfalls denjenigen Künstlern zuzuordnen, die spärlich dokumentiert sind. Nicht nur Erinnern und Vergessen sind Phänomene der Zeit. Auch, und in besonderem Masse, sind es die sich wandelnden Gegebenheiten: Volle Leben und jahrzehntelanges künstlerisches Arbeiten schrumpften und verkürzten sich damals auf letztlich halbseitige Vermerke. Die heutige Dokumentationsdichte steht in keinem Vergleich zu derjenigen in früheren Jahren. Auf den Fokus Künstlerhaus bezogen heisst das, dass es zu akzeptieren gilt, dass Biografien und Werkdokumentationen zum Teil nicht mehr oder nurmehr in sehr groben Zügen auffindbar sind.

Walter Vögeli mietete sich in den ersten Stock ein, in vormalig Nussbaums Werkstatt. Die Nussbaums, die wohl auch hier ihre Wohnung hatten, zogen nach Italien, Anna Nussbaums Heimat. Vögelis Mietvertrag ist erhalten geblieben und zeigt, dass die Jahresmiete 600 Franken betrug, zahlbar einmonatlich à 50 Franken. Keine Nebenkosten. Zu Vögelis Zeit war der heute fast quadratische Raum noch unterteilt mit einer dünnen Holzwand. Darum erwähnt der Mietvertrag zwei Zimmer. Dass das so war, erzählt auch das Haus, macht es sichtbar: Die Bodenverankerungen der Zwischenwand sind geblieben, die Bodenbeschaffenheit der früheren beiden Raumteile ist unterschiedlich bis auf den heutigen Tag.

Ähnlich verhält es sich bei Moehsnang, der zwei Jahre vor Vögeli in den zweiten Stock einzog. Zwei Zimmer, heute ein grosses ohne Zwischenwand, zur gleichen Miete wie Vögeli.

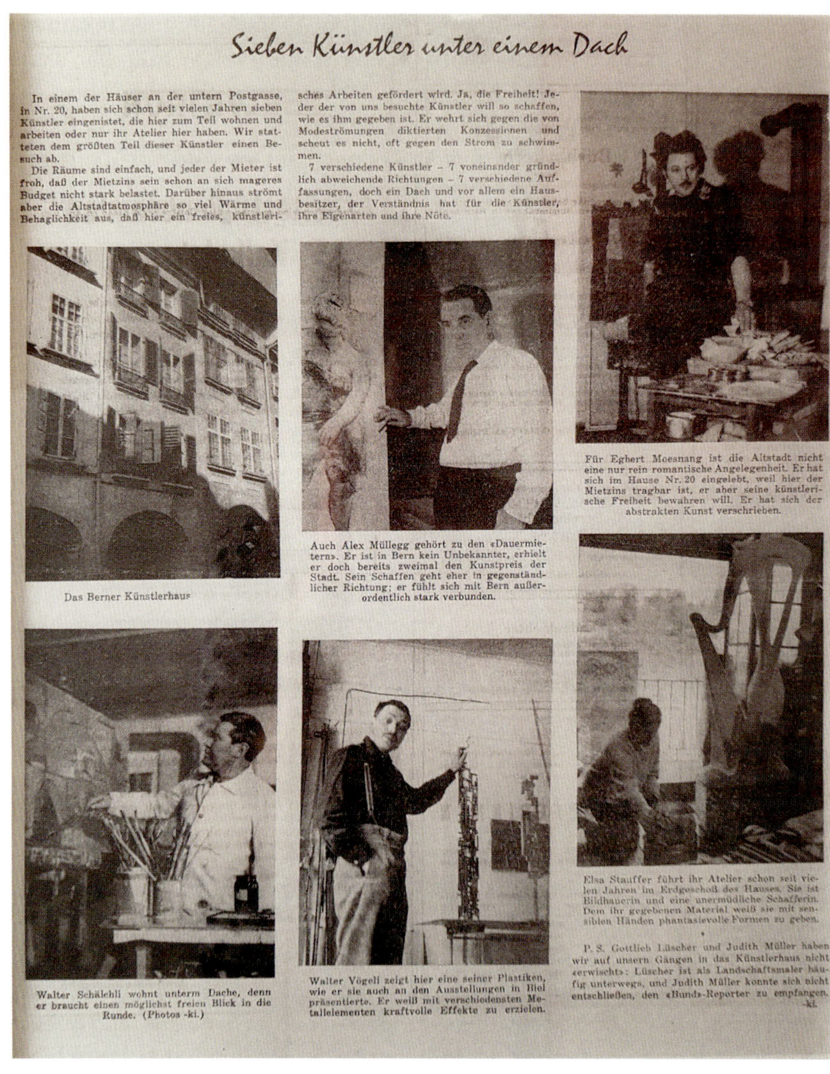

Sieben Künstler unter einem Dach

In einem der Häuser an der untern Postgasse, in Nr. 20, haben sich schon seit vielen Jahren sieben Künstler eingenistet, die hier zum Teil wohnen und arbeiten oder nur ihr Atelier hier haben. Wir statteten dem größten Teil dieser Künstler einen Besuch ab.

Die Räume sind einfach, und jeder der Mieter ist froh, daß der Mietzins sein schon an sich mageres Budget nicht stark belastet. Darüber hinaus strömt aber die Altstadtatmosphäre so viel Wärme und Behaglichkeit aus, daß hier ein freies, künstlerisches Arbeiten gefördert wird. Ja, die Freiheit! Jeder der von uns besuchte Künstler will so schaffen, wie es ihm gegeben ist. Er wehrt sich gegen die von Modeströmungen diktierten Konzessionen und scheut es nicht, oft gegen den Strom zu schwimmen.

7 verschiedene Künstler – 7 voneinander gründlich abweichende Richtungen – 7 verschiedene Auffassungen, doch ein Dach und vor allem ein Hausbesitzer, der Verständnis hat für die Künstler, ihre Eigenarten und ihre Nöte.

Das Berner Künstlerhaus

Auch Alex Müllegg gehört zu den «Dauermietern». Er ist in Bern kein Unbekannter, erhielt er doch bereits zweimal den Kunstpreis der Stadt. Sein Schaffen geht eher in gegenständlicher Richtung; er fühlt sich mit Bern außerordentlich stark verbunden.

Für Egbert Moesnang ist die Altstadt nicht eine nur rein romantische Angelegenheit. Er hat sich im Hause Nr. 20 eingelebt, weil hier der Mietzins tragbar ist, er aber seine künstlerische Freiheit bewahren will. Er hat sich der abstrakten Kunst verschrieben.

Walter Schälchli wohnt unterm Dache, denn er braucht einen möglichst freien Blick in die Runde. (Photos -ki.)

Walter Vögeli zeigt hier eine seiner Plastiken, wie er sie auch an den Ausstellungen in Biel präsentierte. Er weiß mit verschiedensten Metallelementen kraftvolle Effekte zu erzielen.

Elsa Stauffer führt ihr Atelier schon seit vielen Jahren im Erdgeschoß des Hauses. Sie ist Bildhauerin und eine unermüdliche Schafferin. Dem ihr gegebenen Material weiß sie mit sensiblen Händen phantasievolle Formen zu geben.

•

P. S. Gottlieb Lüscher und Judith Müller haben wir auf unsern Gängen in das Künstlerhaus nicht «erwischt»: Lüscher ist als Landschaftsmaler häufig unterwegs, und Judith Müller konnte sich nicht entschließen, den «Bund»-Reporter zu empfangen. -ki.

1959, der zweite Zeitungsbericht.

Vögeli hat bis zu seinem Tod 2009 hier gewohnt und gearbeitet, ab 1959 zusammen mit seiner Frau Marianne Vögeli-Gruber, das Haus als beider familiärer und künstlerischer Lebensmittelpunkt. Er entwickelte sich vom Maler im ersten Stock zum Eisenplastiker mit dementsprechender Werkstatt in den Kellerräumlichkeiten, was 77 möglich wurde, als der Vormieter, ein Dachdecker, auszog. Als die beiden Kinder dazukamen, übernahm die Familie nach Lüschers Auszug 1970 zusätzlich dessen freigewordenes Atelier im 2. Stock Nord und nutzte den Raum als Kinderzimmer. Vögelis spätere Werkentwicklung hin zu Polyestergüssen erforderte weitere Raumbelegungen im Haus und in Werkstätten in Nachbarhäusern (Postgasse 34, Postgasshalde 19 und 21).

Seit 2003 ist das Künstlerhaus im Besitz von Walter und Marianne Vögeli.

Die Bestrebung der früheren Besitzer, des Ehepaars Biedermann-Störi, das Haus als günstige Wohn- und Atelierräume an Künstler:innen zu vermieten, wurde bei der späteren Besitzerin, der Burgergemeinde der Stadt Bern, wie beim neuesten Besitzerwechsel beibehalten. Die Biedermanns können wegen ihres sozialen wie künstlerischen Engagements als die eigentlichen Initianten des Künstlerhauses bezeichnet werden.

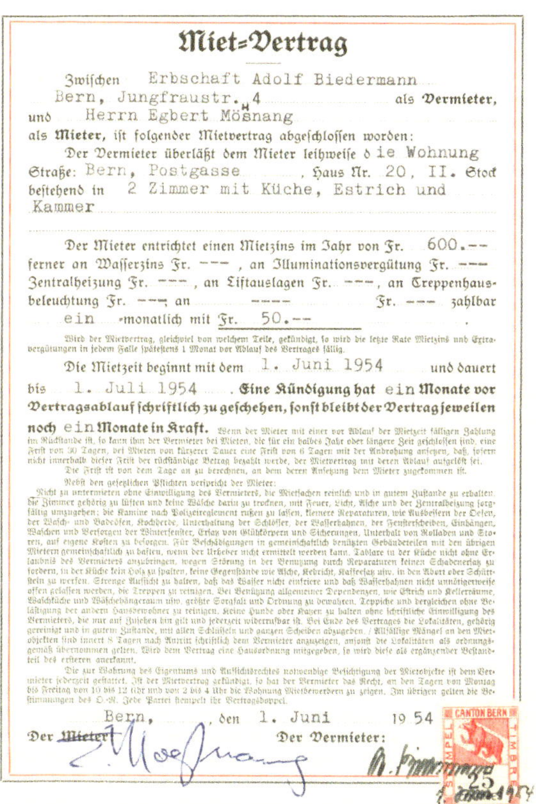

Miet-Vertrag

Zwischen Erbschaft Adolf Biedermann Bern, Jungfraustr. 4 als **Vermieter**, und Herrn Egbert Mösnang als **Mieter**, ist folgender Mietvertrag abgeschlossen worden:

Der Vermieter überläßt dem Mieter leihweise die Wohnung Straße: Bern, Postgasse, Haus Nr. 20, II. Stock bestehend in 2 Zimmer mit Küche, Estrich und Kammer

Der Mieter entrichtet einen Mietzins im Jahr von Fr. 600.-- ferner an Wasserzins Fr. --- , an Illuminationsvergütung Fr. --- Zentralheizung Fr. --- , an Liftauslagen Fr. ---, an Treppenhausbeleuchtung Fr. ---, an ---- Fr. --- zahlbar ein-monatlich mit Fr. 50.-- .

Wird der Mietvertrag, gleichviel von welchem Teile, gekündigt, so wird die letzte Rate Mietzins und Extravergütungen in jedem Falle spätestens 1 Monat vor Ablauf des Vertrages fällig.

Die Mietzeit beginnt mit dem 1. Juni 1954 und dauert bis 1. Juli 1954. **Eine Kündigung hat ein Monate vor Vertragsablauf schriftlich zu geschehen, sonst bleibt der Vertrag jeweilen noch ein Monate in Kraft.** Wenn der Mieter mit einer vor Ablauf der Mietzeit fälligen Zahlung im Rückstande ist, so kann ihm der Vermieter bei Mieten, die für ein halbes Jahr oder längere Zeit geschlossen sind, eine Frist von 30 Tagen, bei Mieten von kürzerer Dauer eine Frist von 6 Tagen mit der Androhung ansetzen, daß, sofern nicht innerhalb dieser Frist der rückständige Betrag bezahlt werde, der Mietvertrag mit deren Ablauf aufgelöst sei.

Die Frist ist von dem Tage an zu berechnen, an dem deren Ansetzung dem Mieter zugekommen ist.

Nebst den gesetzlichen Pflichten verspricht der Mieter:

Nicht zu untermieten ohne Einwilligung des Vermieters, die Mietsachen reinlich und in gutem Zustande zu erhalten. Die Zimmer gehörig zu lüften und keine Wäsche darin zu trocknen, mit Feuer, Licht, Asche und der Zentralheizung sorgfältig umzugehen; die Kamine nach Polizeireglement rußen zu lassen, kleinere Reparaturen, wie Ausbessern der Oefen, der Wasch- und Badeöfen, Kochherde, Unterhaltung der Schlösser, der Wasserhahnen, der Fensterscheiben, Einhängen, Waschen und Versorgen der Winterfenster, Ersatz von Glühkörpern und Sicherungen, Unterhalt von Rolladen und Storen, auf eigene Kosten zu besorgen. Für Beschädigungen in gemeinschaftlich benützten Gebäudeteilen mit den übrigen Mietern gemeinschaftlich zu haften, wenn der Urheber nicht ermittelt werden kann. Tablare in der Küche nicht ohne Erlaubnis des Vermieters anzubringen, wegen Störung in der Benutzung durch Reparaturen keinen Schadenersatz zu fordern, in der Küche kein Holz zu spalten, keine Gegenstände wie Asche, Kehricht, Kaffeesatz usw. in den Abort oder Schüttstein zu werfen. Strenge Aufsicht zu halten, daß das Wasser nicht einfriere und daß Wasserhahnen nicht unnötigerweise offen gelassen werden, die Treppen zu reinigen. Bei Benützung allgemeiner Dependenzen, wie Estrich und Kellerräume, Waschküche und Wäschehängeraum usw. größte Sorgfalt und Ordnung zu bewahren. Teppiche und dergleichen ohne Belästigung der andern Hausbewohner zu reinigen. Keine Hunde oder Katzen zu halten ohne schriftliche Einwilligung des Vermieters, die nur auf Zusehen hin gilt und jederzeit widerrufbar ist. Bei Ende des Vertrages die Lokalitäten, gehörig gereinigt und in gutem Zustande, mit allen Schlüsseln und ganzen Scheiben abzugeben. / Allfällige Mängel an den Mietobjekten sind innert 8 Tagen nach Antritt schriftlich dem Vermieter anzuzeigen, ansonst die Lokalitäten als ordnungsgemäß übernommen gelten. Wird dem Vertrag eine Hausordnung mitgegeben, so wird diese als ergänzender Bestandteil des ersteren anerkannt.

Die zur Wahrung des Eigentums und Aufsichtsrechtes notwendige Besichtigung der Mietobjekte ist dem Vermieter jederzeit gestattet. Ist der Mietvertrag gekündigt, so hat der Vermieter das Recht, an den Tagen von Montag bis Freitag von 10 bis 12 Uhr und von 2 bis 4 Uhr die Wohnung Mietbewerbern zu zeigen. Im übrigen gelten die Bestimmungen des O.-R. Jede Partei stempelt ihr Vertragsdoppel.

Bern, den 1. Juni 1954

Der ~~Mieter~~: Der Vermieter:

Mietvertrag von 1954.

Der Wechsel von Wohn- zu Atelierräumen geschah schrittweise jeweils nach Wegzügen.

Die Zweitateliers der Surrealistin und der Bernerin – die Szene
Die sechziger/siebziger Jahre

Meret Oppenheim und Esther Altorfer

Die 60er und 70er Jahre hatten ihr eigenes Gepräge. Der gesellschaftliche Aufbruch, das Bedürfnis und auch die Notwendigkeit zum Umkrempeln, Lockern, Neudenken führte in gewisser Weise zur Selbstinszenierung als Künstler:in, zur gelebten Demonstration des sich Absetzens und Distanzierens vom Bürgerlichen. Da galt das laute Auftreten, die Provokation. Inneres wurde nach aussen gekehrt, das Atelier expandierte in den Stadtraum, Galerien, Beizen gehörten dazu, Kunstschaffen war Statement und Szene. Künstlerkreise inszenierten sich. Das Restaurant Commerce an der Gerechtigkeitsgasse war Szenetreffpunkt, da wurde Hof gehalten und Präsenz markiert.

Für das Künstlerhaus hatte dies insofern Auswirkungen, als dass das zurückgezogene Atelierschaffen der einen dem Kommen und Gehen der andern mit Gästen und Freunden gegenüberstand, was dann und wann zu Konflikten im Haus Anlass gab. Gerade auch, weil die Altstadt zu dieser Zeit noch günstigen Atelier- und Wohnraum bot, es waren die Jahre vor den grossen Sanierungen, hier lebten viele Künstler:innen und gegenseitige Besuche waren alltäglich.

Treffen im Commerce zum Apéro am späten Nachmittag, zum abendlichen Bier mit Brot und Zwiebelringen, die einen blieben und wechselten zum Wein, die zwischenzeitlich Weggegangenen stiessen später wieder dazu, geblieben wurde bis zur Sperrstunde. Nach der letzten Runde wurde bei der einen oder dem andern weitergetrunken, Literflaschen des billigen Rotweins waren allemal vorrätig. Meret Oppenheim liebte solche Abende, namentlich für die Wochenenden kam sie von ihrem damaligen Wohnort am Thunersee in ihr Atelier in der Postgasse 20 im dritten Stock südseitig, das sie sich mit Esther Altorfer teilte. Sich treffen, diskutieren und trinken. Wie viele in Kunst einfliessende Ideen, Ansätze zu Theaterinszenierungen und ganze Lebensentwürfe an Commerce-Tischen ihren Ursprung hatten, ist nicht bezifferbar, eine beträchtliche Anzahl wird es sein.

Natürlich lag nicht allen im Künstlerhaus diese Lebensart. Weder waren die Künstler:innen jemals eine homogene Gruppe, noch war ihre individuelle Art der Auseinandersetzung mit ihrem Werk eine ähnliche. Wer im Haus gleichzeitig auch wohnte, zudem im Parterre, also an der Passage zu den oberen Stockwerken, wie Elsa Stauffer, war über trinkfreudige Gelage in der zweiten Nachthälfte wenig erfreut, was unvermeidlich zu gegenseitigen Gehässigkeiten und Schikanen führte. Moehsnang, Müller, Stauffer und andere beteiligten sich an den verschiedenen Szenetreffen höchstens punktuell, um sich bald wieder zurückzuziehen.

Haustüren wurden im Gegensatz zu heute kaum – und sicher nicht tagsüber – abgeschlossen. Sicherheitsschlösser und Sicherheitstüren im Hausflur zwischen Hauseingang und Treppenaufgang wurden erst in den Neunziger- und Nullerjahren montiert. Unangemeldete Besuche waren noch gang und gäbe, man schaute rasch vorbei, kam für ein Glas oder eine Tasse, Tomatensaft wars jeweils bei Oppenheim. Nicht selten wuchs sich der Apéro aus zu einem Essen, einem Gelage, einer Übernachtung.

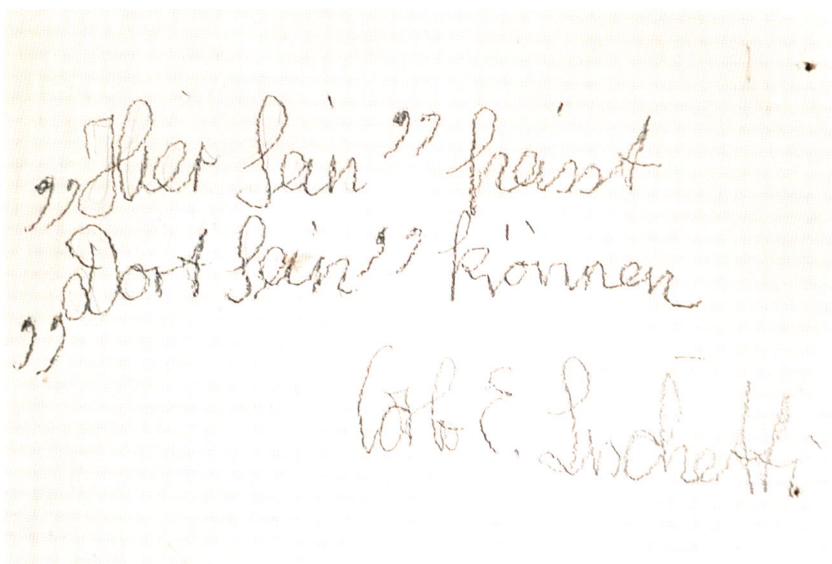

Philosophischer Gedanke an der Wand.

Auch davon kann das Haus erzählen. Manchmal in fast philosophischen Sätzen, wie demjenigen von Carlo E. Lischetti *Hier sein heisst dort sein können,*[4] den er mit Bleistift direkt und gross auf die Wandtäfelung im ersten Stock schrieb.

In den Neunzigern leert sich das Künstlerhaus

1982 zog Alexander Müllegg nach gut 50 Jahren Atelierzeit aus, 1984 Elsa Stauffer nach 45 Jahren. Ihre Ateliers wie auch die bis anhin freigewordenen anderen Räume, übernimmt die Familie Vögeli. Bedingt durch den Platzbedarf der Familie, zudem durch Walter Vögelis expansive Arbeitsweise mit verschiedenen Materialien. Für das Künstlerhaus hat das empfindliche Folgen. Die hier arbeitenden Künstler:innen werden weniger, und dadurch erfährt die Heterogenität des Künstlerhauses im Laufe der Jahre massive Einschränkungen. Schlussendlich werden alle Atelierräume, inklusive der beiden Parterreräume und des Kellers, ausschliesslich durch Walter Vögeli und die Familie genutzt. Von 1984 bis 91 leben und/oder arbeiten keine externen Künstler:innen mehr im Haus.

Ein einzelnes Atelier, ein zweites, vielleicht ein drittes und der Ausstellungsraum

Nick Hosig, Pia Berla, Marie-Françoise Robert, Lilly Keller, Verena Felber und Andreas Roth

Ein einziges Atelier wird 1991 wieder vermietet, der nordseitige 3. Stock an Nick Hosig, wo vor Jahren Simon Fuhrer, dann Judith Müller malten. Nach Hosig benützt Pia Berla den gleichen Raum, 2007 übernimmt ihn Marie-Françoise Robert, die seither im Künstlerhaus arbeitet. 2010 kommen Lilly Keller und Verena Felber, die sich im zweiten Stock zur Gasse hin bis ins Jahr 2017 ein gemeinsames Atelier teilen. Ebenfalls seit 2010 arbeitet Andreas Roth im Künstlerhaus. Der Ausstellungsraum im Parterre wird seit 1986 sporadisch, ab 2001 recht dicht bespielt. Seit 2009 gibt Marianne Vögeli Kurse in ihrem Malatelier für freies Malen. Im Jahr 2022 sind noch die Künstlerin Marie-Françoise Robert, der Künstler Andreas Roth und Marianne Vögeli im Künstlerhaus.

4 Zu Lischetti siehe Kapitel: Der Künstlerhaus-Umkreis.

2 Das Haus – eine Begehung

Bern, Postgasse 20. Der Laubenbogen ist hier hoch, wohl der höchste der Gasse. An seinem rechten Stützpfeiler hockt der klotzige Kellereingang mit Einstieg von der Gasse her, verschlossen mit massiven Türbrettern. In jedem andern Altstadthaus befindet sich im Erdgeschoss ein von der Laube oder dem Hausflur zugängliches Ladengeschäft mit Schaufenster, manchmal mit rückwärtiger Werkstatt. Hier nicht. Die Fenster sind zum Laubenniveau zu hoch, dazu sind sie kleinformatig unterteilt, mehr Holzzargen als Glas, mit ebensolchen Vorfenstern verdoppelt. Bis hinauf zum dritten Stock sind die Fenster und Vorfenster so, zusammengenommen sind es über 800 solcher Scheibchen.

Massive rotgestrichene Bretter liessen sich hochklappen und würden so als Fensterläden dienen, sind jedoch immer unten in ihrer Halterung. Andernorts könnten solche Bretter auf ein früheres Ladenlokal dahinter hinweisen, dem sie als Ausstellungsfläche und Ladentisch dienten. Doch dazu sind sie hier zu hoch angebracht, man hätte weder richtig sehen noch verhandeln können. Vom Laubengang her ist nicht auszumachen, was der Innenraum auf erhöhtem Niveau birgt.

BEGEHUNG

Eine Stufe von der Laube hoch zur zweiten, auf deren Kante die breite Eichentür bündig zur Fassade steht. Der in der Altstadt übliche Türklopfer ist abmontiert worden, Diebstahl, nur noch die zugespachtelten Löcher zeigen, wo er einmal befestigt war. Die Türklinke lässt den Riegel beim Drücken knacken, Metall auf Metall. Das Türschloss ist geschmiedet, der Schlüssel handlang, mehr ein Werkzeug als ein Schlüssel heutigen Zuschnitts. Die Türe aufzustossen, braucht Kraft. Der Hausflur ist absolut dunkel. Nur der kleine orange Punkt des Lichtschalters gibt etwas Orientierung. Nach dem Einschalten des Lichts beginnt die Zeituhr recht laut zu ticken. Jetzt sind die Handgriffe der Glockenzüge an der linksseitigen Wand zu sehen. Von ihnen wegführende Drähte lassen auf Zug bis in den dritten Stock die kleinen Glocken bimmeln. Ab 1810 wurden Glockenzüge dieser Art in die Häuser eingezogen.

In schmalen Bilderrahmen sind die beiden Zeitungsartikel von 1941 und 1959 zum Künstlerhaus präsentiert. Die rechtsseitige Wand wird nach ein paar Schritten durch eine Tür unterbrochen, die sich zu einer verwinkelten Küche und nach einer weiteren Rechtsdrehung zum zur Gasse gehenden Raum mit den kleinteiligen Doppelfenstern öffnet. Man kommt in ein kleines Stübchen mit grau gestrichenem Bretterboden, getäferten Wänden, einem Gasofen.

Die fensterlose Küche wird dominiert durch einen grossen Kaminhut, der vom Kochen über Feuer zeugt. Gegenüber steht ein grossflächiger Schüttstein aus Stein mit niedrigem Rand auf einem Steinsockel. Ein Wasserhahn für Kaltwasser. Warmwasser vom Durchlauferhitzer gibt es nur im dritten Stock, der dortigen Badewanne wegen. Die ins Hausinnere gehende Rückwand verläuft in zwei seltsamen Winkeln, bedingt durch das dahinter angelegte spiralige Treppenhaus. Der Boden ist mit gebrannten Kacheln mit mittigem Prägestempel ausgelegt. Einige sind wacklig, lose und abgetreten.

In diesen zwei Räumen hatte bis 1960 ein Lumpensammler gehaust, hatte seine gesammelten Lumpen in der nach hinten zulaufenden Küchennische gehortet. Sauber und geruchsfrei war es nicht hier drinnen. Elsa Stauffer, die nordseitige Nachbarin, hatte Ratten vermutet und sich auch am unangenehmen Geruch gestört.

Schritte und Tritte, seit Jahrhunderten auf gleichen Wegen von Tür zu Tür, vom Schüttstein zum Feuerherd, hinterliessen Dellen und ebneten manches Relief des Prägestempels in den Kacheln ein. Ihre Spuren ziehen sich, ob im Stein oder im Holz, durchs ganze Haus bis hinauf in den Estrich. Treppenstufen mussten, wenn sie durchs fehlende Material zu abschüssig wurden, hier und dort aufgefüllt werden.

Im Hausflur hängt an der rechtsseitigen Wand ein signalrotes 150 x 150 cm grosses Kunststoffrelief, ein Werk Walter Vögelis aus den sechziger Jahren, als er seine Polymodule entwickelte. Dann wird das Weitergehen durch eine geschlossene Zwischentür, eine in Wohnhäusern generell nötig gewordene Schranke unterbrochen. Eine Schmiedearbeit ebenfalls von Vögeli.

Dort gibt die topografisch bedingte leichte Winkelung des Flurs nun den Blick auf den Treppenaufgang rechts frei. Links ist die Schaltstation der laut

rechts – Laubenseitiger Raum, sichtbar der Laubenbogen durch die kleinteiligen Fenster.

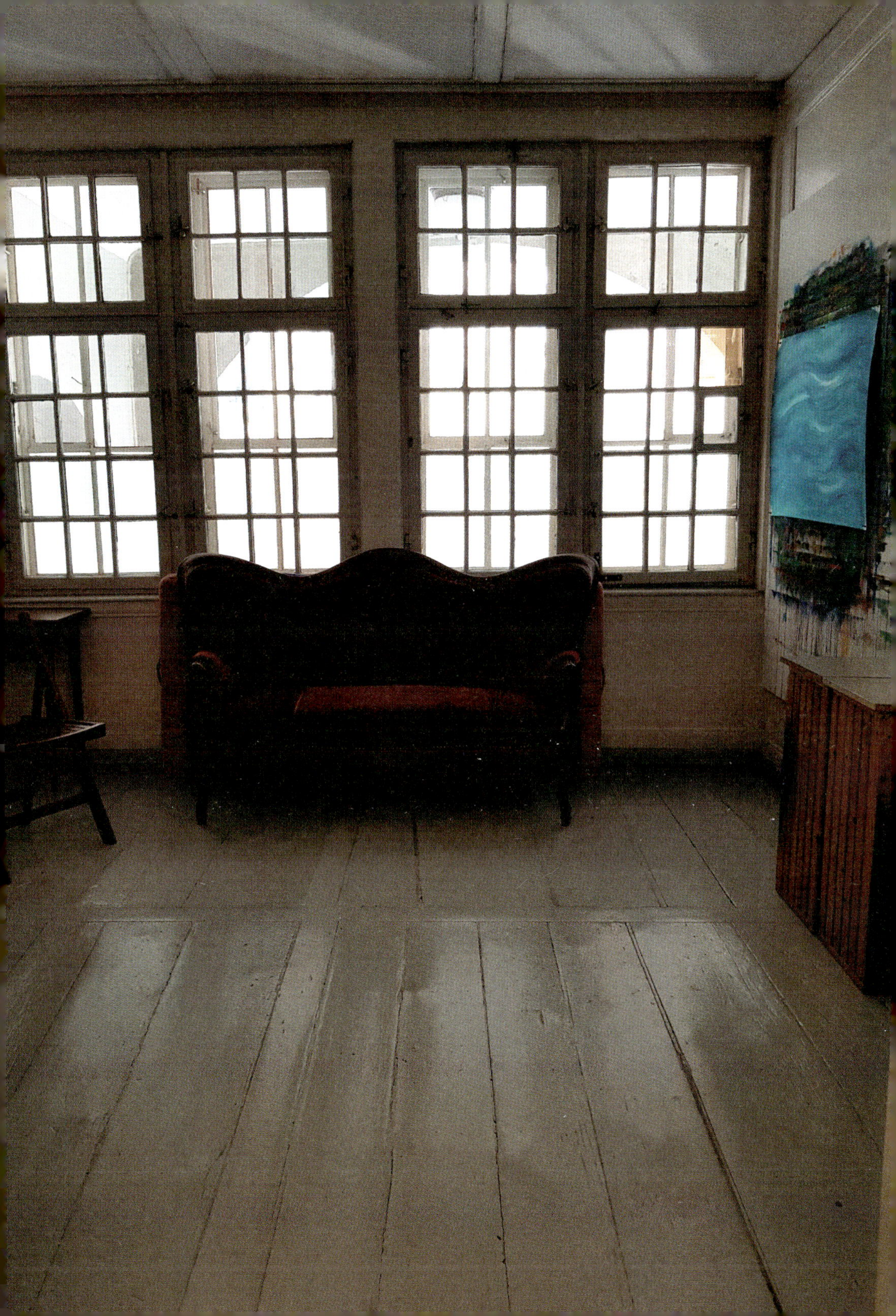

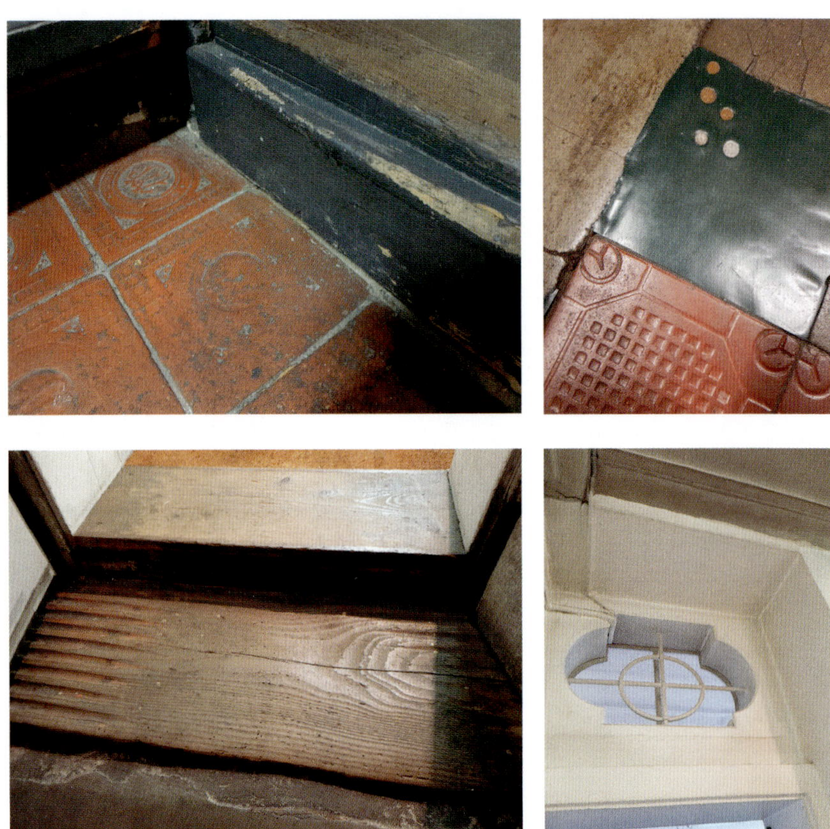

oben links – Ausgetretene Bodenplatten, Schleifspuren an der Türschwelle.
oben rechts – Flickstellen im Boden, verziert.
unten links – Schwelle zum Parterreraum.
unten rechts – Oberlicht zwischen Hausgang und Parterreraum.

tickenden Zeituhr, sind etliche Zähler und Sicherungen vom Elektrizitätswerk. In der Verlängerung des Flurs eine Tür mit schön geformtem Oberlicht, schmal und dünn wie eine Zimmertür. Eine schrittlange Türschwelle, so lang wie die Wand zwischen Flur und Zimmer dick ist, dann öffnet sich der Parterreraum.

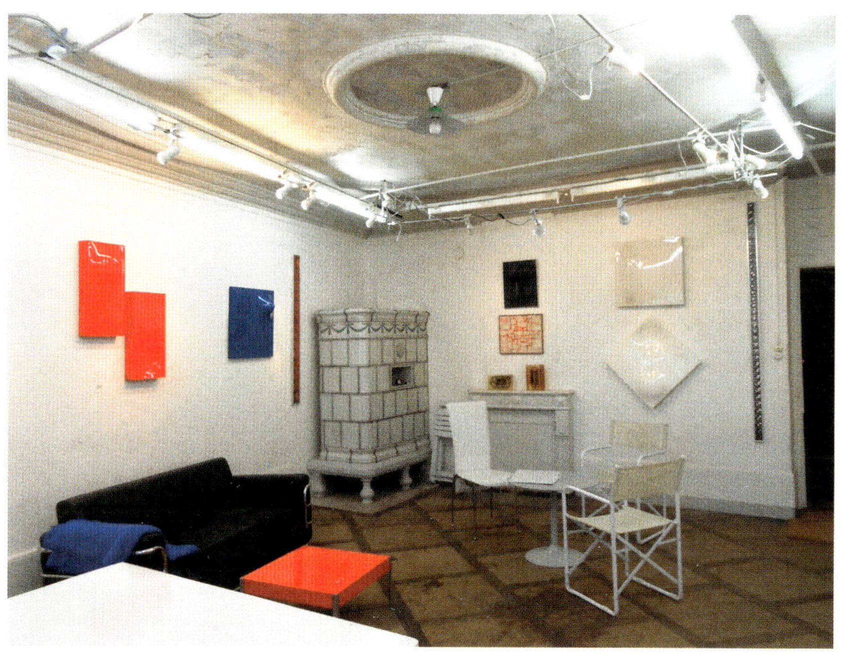

Parterreraum mit Kachelofen und Wandobjekten von Walter Vögeli.

Der Parterreraum

Unmöglich ihn zu betreten, ohne gebannt zu sein von seiner rohen Schönheit. Die Wände bilden – gemäss dem Hausgrundriss – eine konische Grundform, breiter werdend zu den Fenstern hin, mit Durchblick in die vorgelagerte Veranda und der zweiten Fensterreihe. Der Abschluss macht ein schmaler Balkon zur Postgasshalde mit Blick hinüber an den Aarehang und den Altenberg. Der Boden in zweifarbigem Berner Parkett im Helldunkelspiel, vertropft seit dem Malergeschäft, das noch vor Elsa Stauffers Atelierzeit hier eingemietet war. An der Decke Stuck, ein kräftiger Kreis in der Mitte und strenge Geraden den Wänden entlang, den Raum einrahmend. Das kalkige Grauweiss hat sich mit feinen Rissen geädert, ist aufgeplatzt. Wo es abblättert, wird eine weissere Färbung frei, eine feine Geografie in die Fläche zeichnend. Weiss sind die Wände, aber gescheckt. Ausgespachtelte Löcher von Nägeln der Hängungen früherer Ausstellungen führen zu diesem Sprenkelspiel zwischen Kaschierung und Betonung.

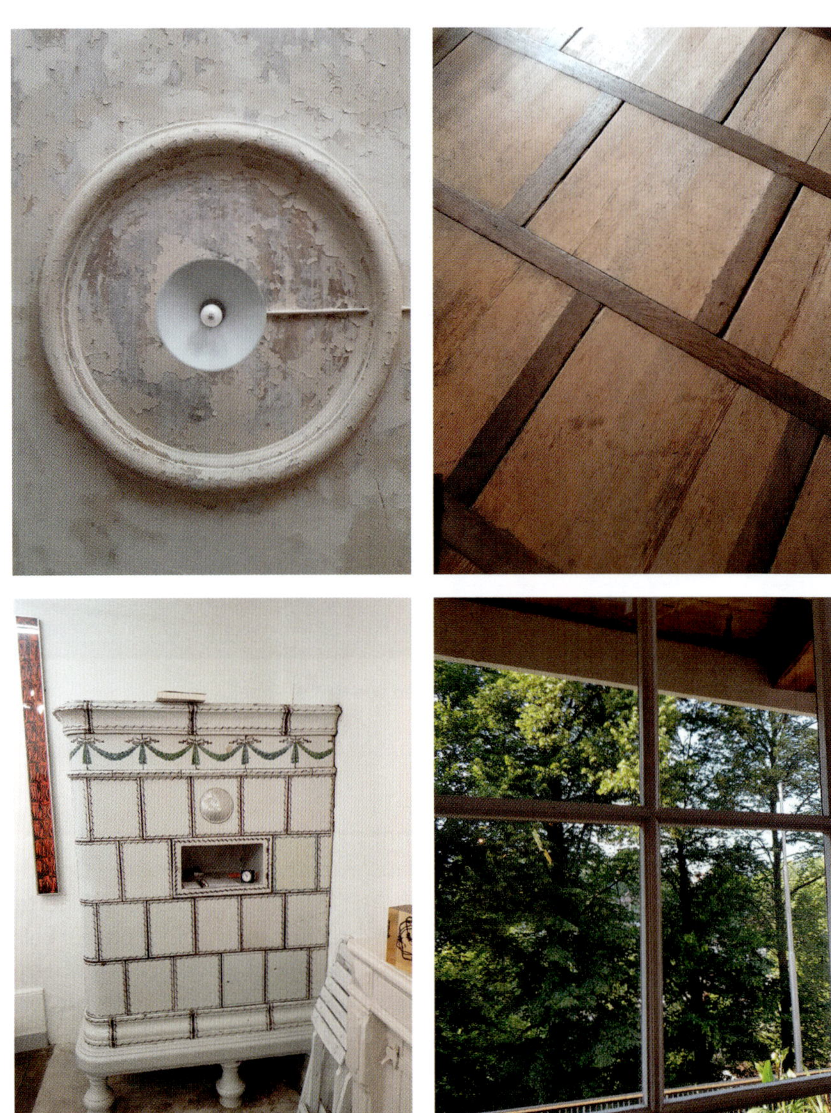

oben links – Deckenrund um die Lampe.
oben rechts – Boden in der Musterung des Berner Parketts.
unten links – Kachelofen im Parterreraum.
unten rechts – Ausblick in die Bäume des Aarehangs.

Paradestück im Raum ist der grosse Kachelofen mit weiss grundierten, farbig bemalten Kacheln, jede mit feinen schwarzen Linien umrahmt. Unter dem ausladenden Abschlusskranz verlaufen Zierbordüren mit grünen Girlanden und Schleifen.

Wieder zurück in den Hausgang und zum Treppenaufgang. Die hohen Steinstufen der Wendeltreppe erfordern Aufmerksamkeit. Sie sind ungleich gewinkelt, ungleich hoch und ungleich abgenützt. Einige Dellen wurden schon ausgebessert, die Tritte, mitsamt ihren Flicken, sind vom Gehen feinpoliert und laufen gegen das Zentrum hin spitz zu. Ratsam ist, die Handläufe an der äusseren Breitseite zu benutzen. Dabei fällt auf, dass sie nicht einheitlich dick sind, sondern sich aus dem circa drei Zentimeter dicken Anfang nach ungefähr einer Handlänge auf knappe fünf Zentimeter verdicken, was für einen Handlauf immer noch als dünn empfunden wird, um dann, nach zwei Metern Länge, wieder zuzulaufen auf das anfängliche, noch schmälere Mass. Des Rätsels Lösung: Es sind ehemalige Speere aus noch älterer Zeit, die auf diese Art wiederverwertet wurden.

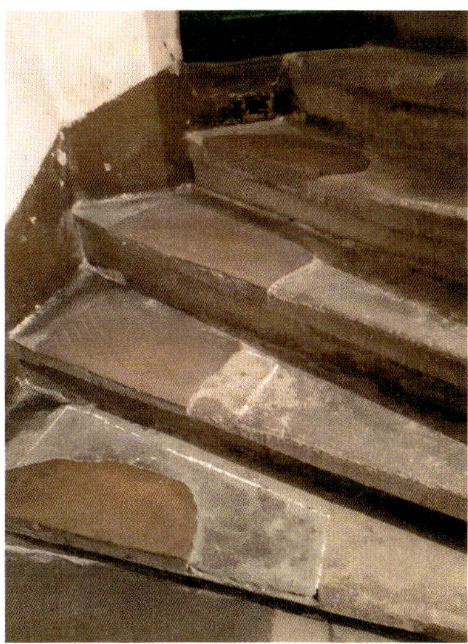

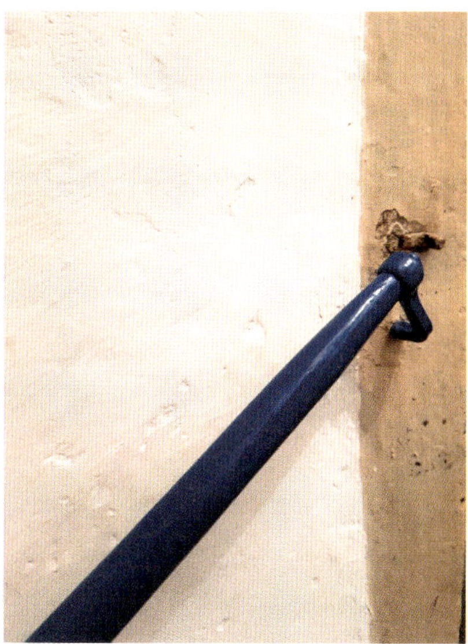

links – Treppe zum 1. Stock, ausgetreten, ausgebessert.
rechts – Speerstangen als Handläufe wiederverwertet.

1. Stock

Süd: Zur Gasse hin ist 1954 Walter Vögeli hier eingezogen, damals zwei Zimmer, eines zum Wohnen, eines als Atelier, dazu eine Küche. Mittlerweile fehlt die Trennwand zwischen den beiden Räumen, aber der Verlauf der Bodenbretter zeigt noch heute die frühere Teilung. Seit den 1960er Jahren ist hier kein Atelier mehr, sondern ein Wohnzimmer. Die Wände sind dicht behängt mit Vögelis Werken, eigentlich ein bewohnter Archivraum. Ein grosser Ess- und Arbeitstisch steht nahe bei Küche und Ofen, mit Stühlen zu allen Seiten für die verschiedenen und parallelen Tätigkeiten; Sitz- und Liegemöbel gruppieren sich um niedere Tische. Bücher über Kunst und Künstler:innen stapeln sich in Regalen und auf Ablagen, Ausstellungskataloge von Kunstmuseen, der Berner Kunsthalle, Bildbände, Biografien, daneben die drei breiten Buchrücken von Bezzolas Fotobänden *clic*.

Ein eiserner Archivschrank in der Art eines Tresors steht beim Fenster vorn. Er enthält Vögelis Werkdokumentationen. An den Wänden dominiert seine 3,6 Meter lange, leuchtend gelbe Polyesterplastik, hängen seine frühen

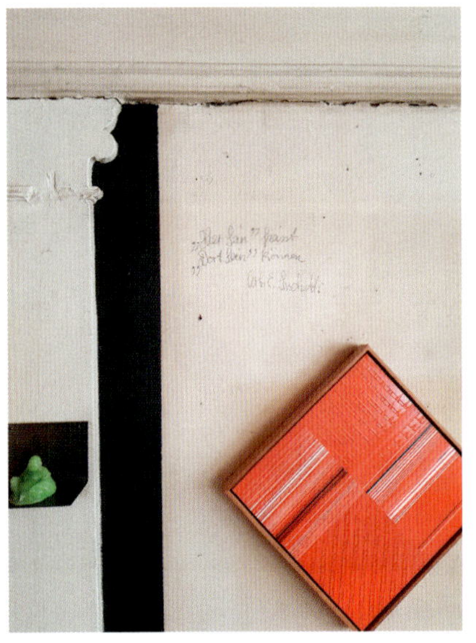

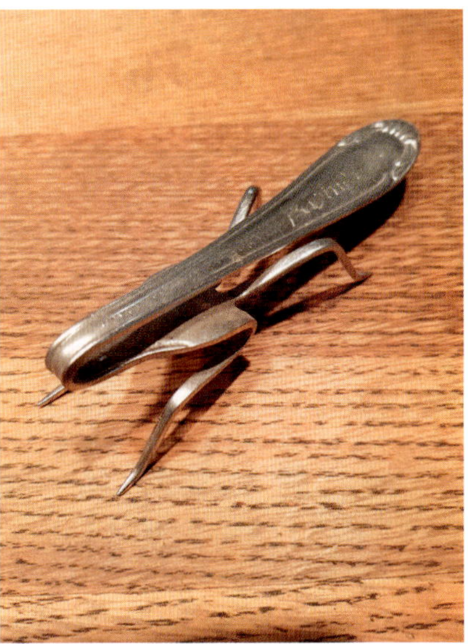

links – Im Wohnzimmer befindet sich Lischettis Wandaufschrift.
rechts – *Gabelkäfer* von Reini Rühlin.

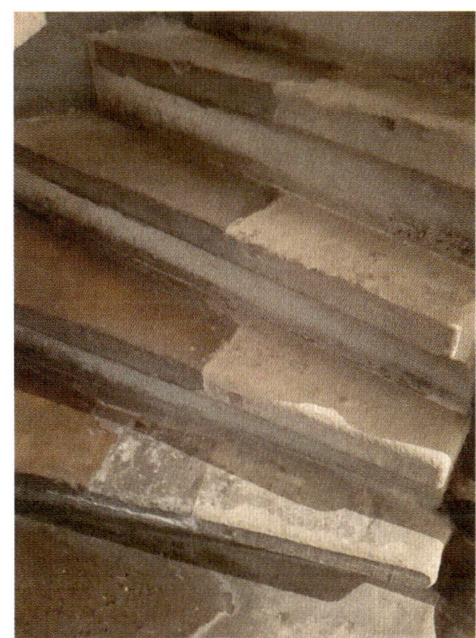

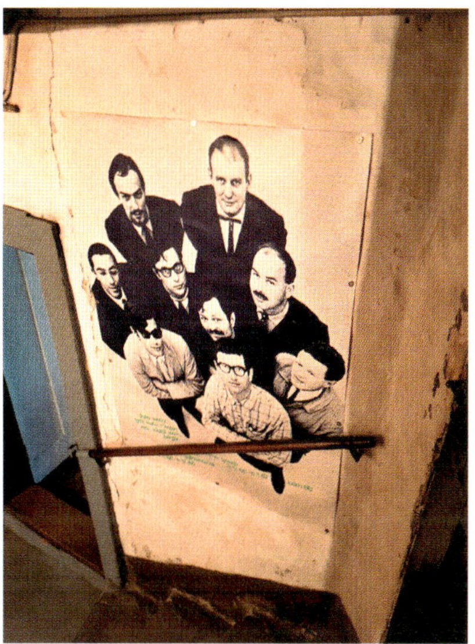

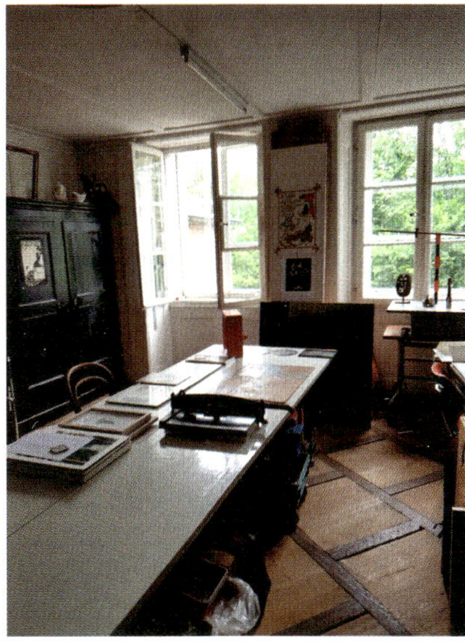

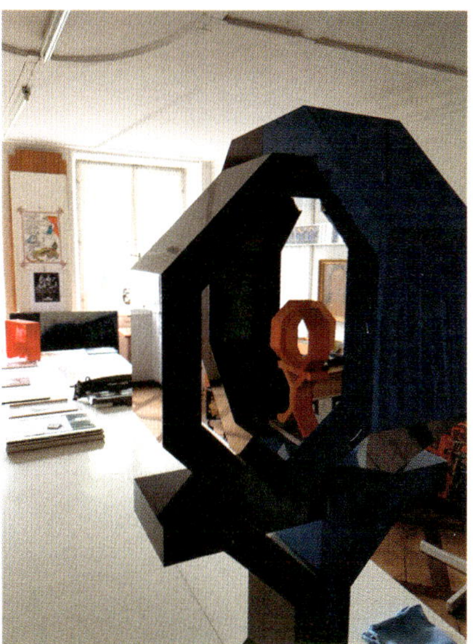

oben links – Treppe zum 2. Stock.
oben rechts – Plakat der Gruppe Bern 66 mit vorne: M. Rätz, U. Berger, R. Werro, Mitte: B. Lüthi, B. Fivian, W. Vögeli, Ch. Megert, hinten: H. Distel, W. Weber.
unten links – Archiv- und Lagerraum, zwischen den Fenstern Plakat der Härdlütli, rechts Kleinskulpturen von W. Vögeli.
unten rechts – Polyesterobjekt von W. Vögeli.

Gemälde im tachistischen Stil, zwischen den Fenstern zur Gasse ein dunkles Ölbild von Simon Fuhrer mit schiefer Hütte unter einem überdimensionierten, bedrohlichen Stern in trübem Grün. An Wandschranktüren sind schwarzweisse Fotografien angepinnt von den Fotograf:innen Leonardo Bezzola, Bernhard Giger und Margrit Baumann. Objekte und Modelle auf Ablagen, zwischen den doppelten Fenstern Steinkäfer und Gabelschrecken von Reini Rühlin; in der Fensterscheibe der eingeritzte Namenszug Nussbaum, die Hinterlassenschaft des Holzbildhauers und -schnitzers, der vormals in diesem Raum seine Werkstatt hatte.

Fotografien der 70er Jahre aus Vögelis Sammlung zeigen den Wohnraum noch anders. Die Wand ist dichter behängt mit Bildern, mit mehrteiligen Serien von Polyesterelementen, mit einer Reihe von Reliefabgüssen von Sandstrukturen, einer nach Saharareisen entstandenen Werkgruppe. Ein Modellpferdchen ist abgebildet, aus dem wahrscheinlich die Skulptur *Trojanisches Pferd* hervorgegangen ist, daneben ein im Kunstharzguss präpariertes Vogelskelett als Hommage auf den eigenen Namen, ein ausgestopftes Huhn.

Die Küche, ähnlich wie im Parterre, mit grossem Kaminhut, Schüttstein aus Steingut und von zwei Seiten zugänglich. Noch immer sind Haken zum Aufhängen der Gaslampen zu sehen, auch wenn solche schon lange nicht mehr in Gebrauch sind.

Nord: Der nordseitige Raum beherbergt heute Vögelis Werke. Was nicht in Museen, bei Privatsammler:innen oder im öffentlichen Raum platziert ist, lagert und geht von hier aus bei Bedarf in Ausstellungen. Verschiedene Polyesterplastiken, eine Gruppe der 200 cm auf 10 cm langen Schnittbilder aus farbigem Kunstharz, Arbeiten auf Leinwand und Papier in verschiedenen Techniken. An der einen Wand ist ein Plakat der Gruppe *Härdlütli* für die Stadtratswahlen 1971 angepinnt, mit Polo Hofer, Carlo E. Lischetti, Pier Hänni und Margrit Probst, die als Einzige damals gewählt wurde. Es waren legendäre Wahlen, die ersten, wo Frauen auf Wahllisten gesetzt werden konnten und wählbar waren.

2. Stock

Er hat in seinem Aussehen, was Bodenbeschaffenheit, Wände und Küche angeht, viel Ähnlichkeit mit dem 1. Stock. Die Südseite war von 1952 bis 70 Atelier und Wohnung des Künstlers Egbert Moehsnang. Zu seiner Zeit war das Zimmer auch noch mit einer dünnen Wand unterteilt, die später entfernt wurde. Mittig stützt hier eine gusseiserne Säule.

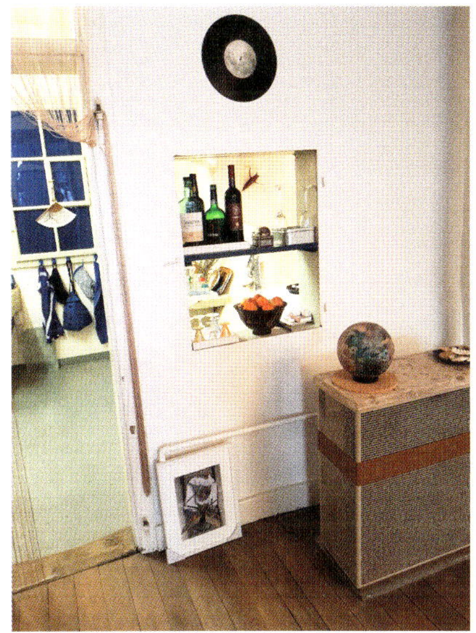
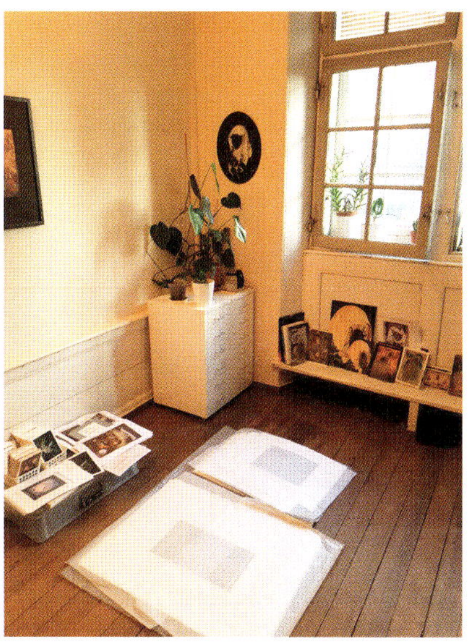

links – Durchgang vom Atelierraum zur Küche, drei Collagen von Marie-Françoise Robert: davon eine aus der Werkgruppe der *records* und ein Kugelobjekt der *sphères*.
rechts – Atelierraum mit Sicht zur Gasse, Marie-Françoise Roberts Collagen.

Mittlerweile ist hier das Atelier von Marie-Françoise Robert, nun weiss gestrichen. Dünne bodenlange Vorhänge machen das einfallende Licht heller, es wirkt, unterstrichen durch den geometrisch gemusterten Teppich und das mit neuen Leinwänden und dem Bilderarchiv gefüllten Regal, modern. Das Erscheinungsbild der Räume und Treppenhausabschnitte ist nicht einheitlich. Der 1. Stock südseitig hat Patina zugelegt, die Wandfarbe ist aus der Zeit, als nicht mit Hochweiss gestrichen wurde, das Tageslicht ist der Lage wegen gedämpfter, der Raum bleibt dämmrig. Die Sonne kommt zwar an die Fenster, der Enge der Gasse wegen aber nur wenig in den Raum hinein.

3. Stock

Hier sind die Räume hell, nicht mehr so hoch, nicht mehr so gross wie in den unteren beiden Stockwerken, und sie gliedern sich wegen des Treppenaufgangs zum Dachstock anders. Wiederum fallen im Hausgang die stark ausgetretenen, dunklen Steinbodenplatten auf mit ihren starken Vertiefungen.

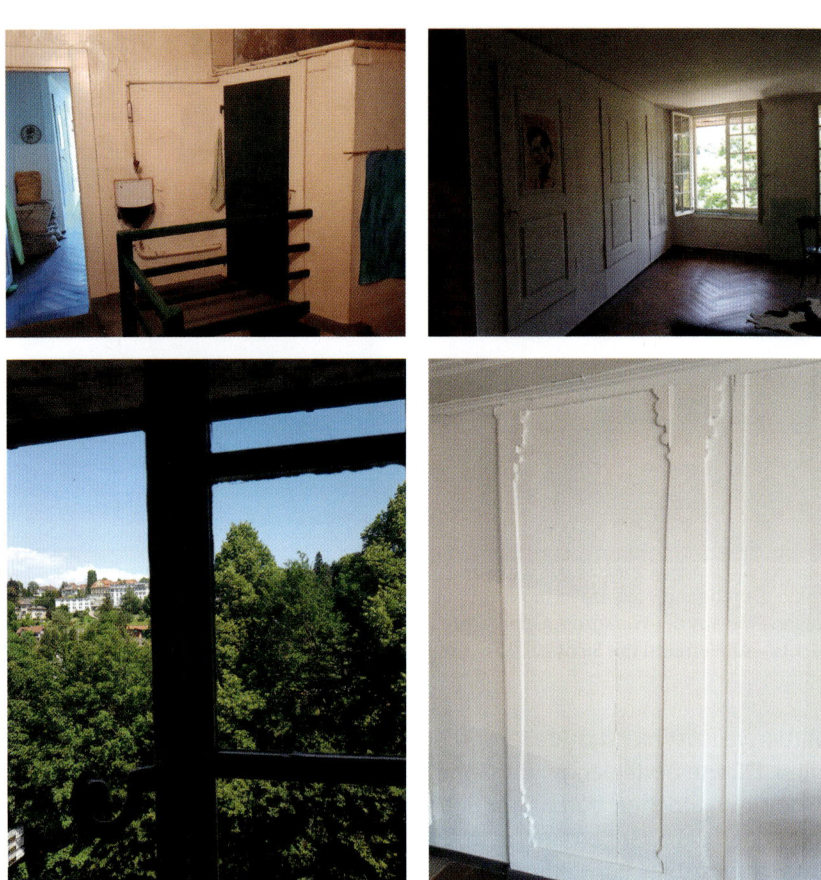

oben links – Ateliereingang mit Lavabo und Toilettenkämmerchen.
oben rechts – Atelierraum mit Nordsicht, Werbeplakat von Rühlins Ausstellung.
unten links – Vor diesem Fenster malten Simon Fuhrer und Judith Müller, schrieb Pia Berla.
unten rechts – Wandtäfelung.

Plankenböden in den Räumen, die einfachere Variante als das helldunkle Parkett im Alt Berner Muster des 1. und 2. Stocks.

Süd: Die Zwischenstücke des Wandtäfers wiederholen die dorisch anmutenden Säulenformen des 1. Stocks. Solche verspielten Verzierungen wurden in den Jahren um 1780 angebracht. Es ist anzunehmen, dass dieses Täfer schon in einem anderen Gebäude angebracht gewesen war, mal ausgewechselt und nach der Demontage hier wiederverwendet wurde. Unter den Fenstern zur Gasse verläuft eine durchgehende Bank mit klappbarer Sitzfläche, geöffnet ist sie eine meterlange Truhe. Die Fenstersicht geht hier schon auf die Dächer und Lukarnen der gegenüberliegenden Gebäude.

Nord: Vor der Tür, noch im Treppenhaus, ist ein kleines Lavabo. Ein schmaler Steg führt an ihm vorbei zur Toilette, die sich, wie in allen Stockwerken, im Treppenhaus auf Höhe des Zwischenstocks befindet. Von Glasziegeln im Dach dringt Tageslicht auf diesen letzten Treppenabsatz, eine milchig trübe Helligkeit. Die Sicht hinauf ins Estrichgeschoss ist nunmehr unverstellt mit dem transparenten Rechteck über dem Treppenhausschacht, rundum auf die Untersicht des steilen Daches.

Über die gesamte Raumlänge des 3. Stocks Nord zieht sich eine Reihe tiefer Wandschränke. Reini Rühlins Plakat von seiner Ausstellung 1971 in der Berner Galerie ist noch angepinnt. Es zeigt sein Portrait im Profil. Die Frisur macht ihn zu einer Variation von James Dean.

Die Fenstersicht von dort geht weit. Der ganze Hang vom Rosengarten über den Altenberg bis zum Rabbental mit der Aare ist zu sehen. Von den Künstler:innen, die in diesem Raum gearbeitet hatten, gibt es verschiedentlich gezeichnete oder gemalte Ansichten davon, genau von diesem Platz am Fenster aus. Anhand der Werke können Stadien der Überbauung auf der gegenüberliegenden Seite leicht beobachtet werden.

Estrich

Die Treppe hinauf zum Estrich ist schmal, einer Leiter schon recht nahe, sehr steil, und die Tritte knapp zum Aufsetzen einer halben Fusslänge. Man sucht nach sichernden Griffen seitlich, an den nächstoberen Stufen, schlussendlich am Rand des Ausstiegs. Oben angekommen, überraschen die Dimensionen. Was in den unteren Stockwerken nie ersichtlich ist, liegt hier, wo weder Treppenhaus noch Türen in Vorder- und Hinterhaus teilen, zu Füssen: Der Boden über die gesamte Grösse des Hausgrundstücks in seiner ganzen Nord-Süd Ausdehnung und in der gesamten Hausbreite. In die Raumhöhe könnte leicht ein zweiter Boden eingezogen werden. Tageslicht kommt durch ein grosses nördliches Dachfenster mit aufwändigem Vorbau, durch beidseitige kleine Lukarnen mit eigenen Giebeln und durch mehrere Glasziegelflächen. Am Tag ists hell, nachts bleibt es finster, weil elektrisches Licht hier oben nicht eingezogen ist. Im Sommer ist es angenehm bis stickig, im Winter kalt wie draussen. Eine Isolation fehlt, die Ziegel sind die dünne Aussenhaut. Dafür bietet diese Untersicht ein schönes Bild vom Dachdeckerhandwerk.

An der Mauer zum Nachbarhaus stadtaufwärts sind die früheren Giebellinien ablesbar, die klare Auskunft geben über die mehrmaligen Aufstockungen. Die unterste ragt wenig über den jetzigen Estrichboden, wobei der Scheitelpunkt einige Meter südlicher liegt als der heutige. Der Dachstock in seiner heutigen Form ist in den 1860er Jahren entstanden.

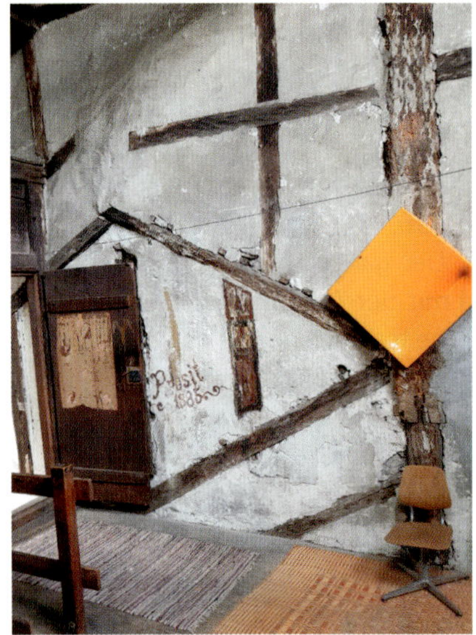

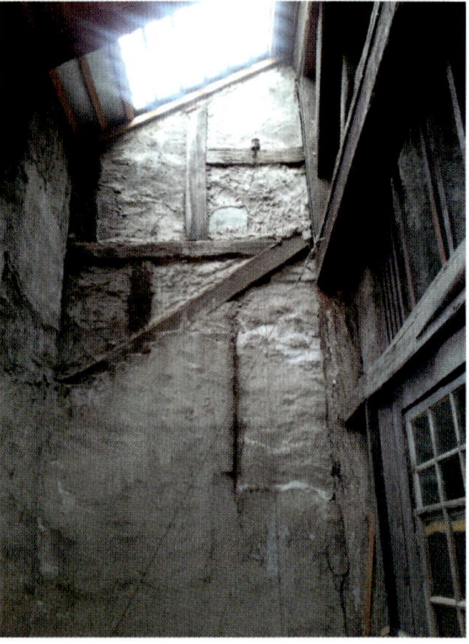

links – Giebellinien zeugen von mehrmaligen Aufstockungen. Polyesterelement von W. Vögeli.
rechts – Estrichlandschaft, Lichteinfall.

Ein unübersichtliches Puzzle aus massivem, dunklem Holz breitet sich aus, schmale Durchgänge führen zwischen Bretter- und Lattenwänden zu kleinen Räumen, zu winkligen Abteilungen in niederen Dachschrägen, weg von einem hohen und geräumigen, offenen Geviert nach dem Aufgang. Kamine in verschiedenen Formaten durchlaufen den hohen Raum und durchstossen das Dach.

Drei seltsamen Hütten ähnelnde Bauten gruppieren sich um die freie Mitte, als wären sie ein eigenes kleines Dorf um den Dorfplatz. Es sind einfachst gebaute Zimmerchen für Dienstboten. Knappe 2 x 3 Meter gross, das geräumigste mit etwa 3 x 3,5 Metern, ohne Wasser, natürlich ohne Strom, mit einem zum zentralen Lichteinfall gehenden Innenfensterchen. Das zweimal gefilterte Licht erhellt wenig. Hier ist entweder Dämmer oder Nacht. Eines der drei Zimmerchen könnte durch den an seiner Wand verlaufenden Kamin leicht erwärmt worden sein. Im einen sind verschieden gemusterte Tapeten auf die rohen Bretter geklebt, wahrscheinlich, um in die wenigen Quadratmeter doch etwas Wohnlichkeit zu bringen. Heute ist das Papier krustig und brüchig, vergilbt und wasserfleckig. Einfache Verschläge sind es, gebaut aus massiven Brettern, jeder anders in Mass und Aussehen. Uneinheitlich gezimmert, man nahm das Holz, das zu finden war, kosten hatte es nicht dürfen, und für Dienstboten musste es so genügen. Für viel mehr als ein Bett war nicht Platz. Ein Stuhl musste mit der Bettkante ersetzt werden, eine Kommode durch Kleiderhaken und die wiederum von starken Nägeln in der Wand. Die Betten waren, wie an dem einen hier noch vorhandenen Brett zu sehen ist, sehr kurz.

Seltsam muten die verschiedenen mit Ölfarbe ausgeführten Malereien an, die über den Estrich verteilt anzutreffen sind. Es sind Schriftzüge, kleine Motive, merkwürdigerweise mehrere mit Federn geschmückte Köpfe. *CHAMBRE REFUSEE* heisst es gross an einer schweren Tannenholztüre mit geschmiedeten Scharnieren und Schlössern, *PROSIT* steht mit geschwungener Umrahmung, dazu Initialen, gemalten und ins Holz eingekerbten. Ob *PF* für Initialen steht oder zum *Prosit* gehört und das *Pour féliciter* abkürzen? Ein anderes Prosit steht nur wenig über dem in der Mauer eingelassenen Balken des ursprünglichen Dachgiebels, unter dem Wort die Jahrzahl, auf die es sich bezieht: 1885, mit einem Schnörkelchen rechts und links. Ein Madonnenbild auf einem dünnen Brett ist da, fein gemalt in Öl, aber grob angebracht an der Wand. Ein Nagel durchbohrt den rosa Marienhals. 1917 steht gross auf dem Bild, die Farbe wirkt für ihr Alter frisch.

Ungefähr 30 x 40 cm, gleiche Grösse und gleiches Material wie die Maria, aber mit wulstigem Farbauftrag, ein Männerportrait, weisser Bart, faltiges Gesicht unter einer Mütze, rotes Gewand. Egbert Moehsnang hat etwa so ausgesehen, es könnte sein Portrait sein. Aber im Haus war er als junger Mann und malte abstrakt, von ihm kann es nicht sein. Keine Signatur, kein Datum, einfach ein namenloses, altes Gemälde ist es. Es steht auf einer Balkenverstrebung, schon lange, wie die Madonna auch. Gegenüber lehnt ein weiteres Bild an der Wand, nicht signiert. Es ist von Judith Müller, erkennbar sind ihre Farb- und Formgebung. Es steht wohl seit ihrem Tod im Jahr 1977 und der Räumung ihres Ateliers hier. Ob sie der Höhe wegen vor dem Estrich-

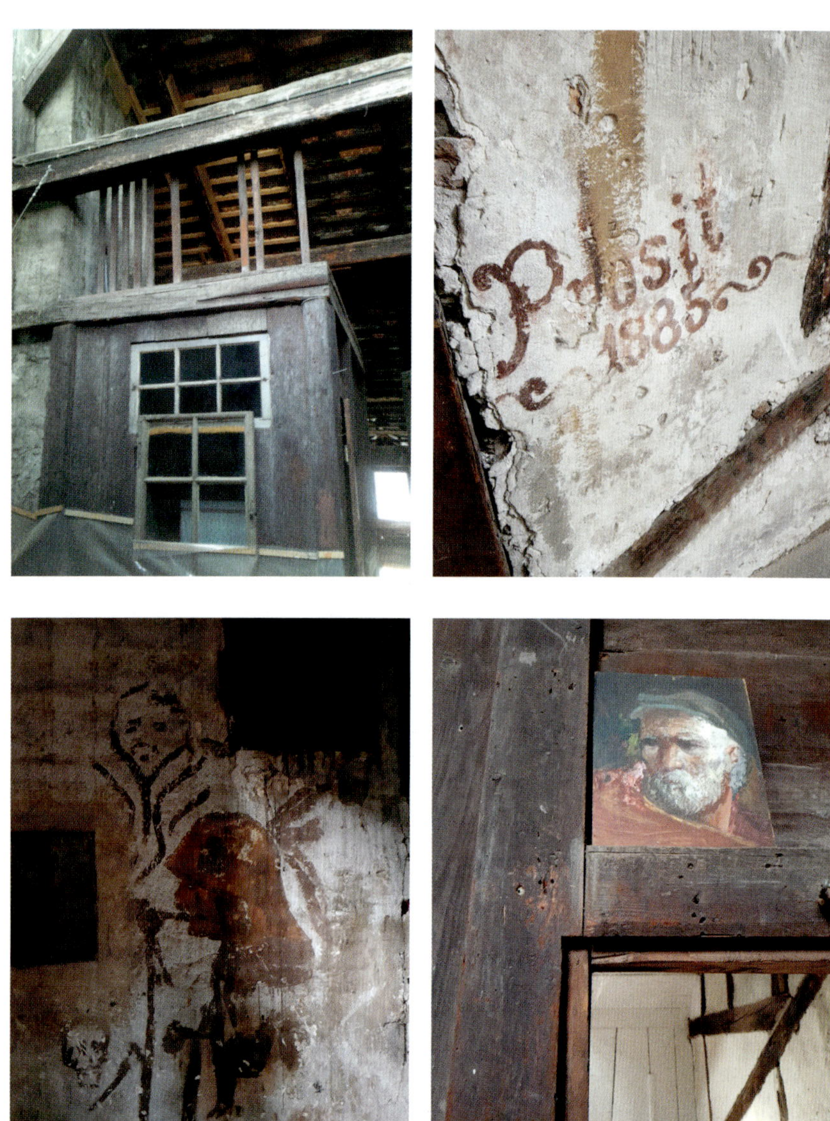

oben links – Kämmerchen unter dem Dach.
oben rechts – Prosit zum neuen Jahr, 1885.
unten links – Kopf mit Federschmuck und seltsame Gestalten.
unten rechts – Alter Mann, seit alters hier, Maler:in unbekannt.

fenster sass, oder ein Stockwerk tiefer vor ihrem Atelierfenster und die gegenüberliegende Seite mit den drei Pappeln und dem Salem Spital malte, im Bildvordergrund Figuren hineinkomponierte? Die Bildoberfläche ist in gutem Zustand, die Farbe nirgends aufgesprungen, Pavatex, der Malgrund ist nicht schön, aber beständig.

Heute ist nicht mehr die Zeit für Dienstboten, auch nicht mehr die Zeit der Sonne an der südlichen Fassade. Grund ist das mittlerweile gegenüberstehende Haus, ein mehrheitlich mit Büros besetztes Gebäude aus den sechziger Jahren. Nicht störend, aber doch stilistisch einfältig einem oberflächlichen Altstadtäusseren angepasst, höher gezogen als die Pferdestallungen, die vorher da waren. Gebaut wurde es 1969 nach einem Brand, dem diese zum Opfer fielen. Seither geht die Sicht aus den Fenstern des Künstlerhauses nicht mehr weit, zudem ist die Gasse hier am engsten, auch für die Sonne.

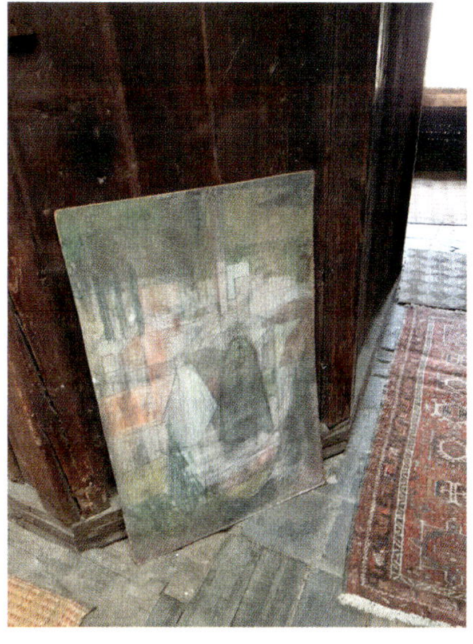

Ein Gemälde von Judith Müller, ob sie es vom Estrichfenster aus malte?

Die alten Fensterläden stehen seit Jahren unbewegt in einem der Estrichabteile. Schwere, hölzerne mit grünem Farbanstrich, craquelé von früheren Sommern. Abgewinkelte Blenden in ihrem Mittelfeld, die in den Räumen gestreifte Schatten hatten spielen lassen. Das Foto zum Artikel im *Der Bund* aus dem Jahr 1959 zeigt die Fassade noch mit montierten Fensterläden. Heute bleiben die an den gleichen Haken montierten Vorfenster ganzjährig ohne saisonalen Wechsel zu den Fensterläden.

Hier oben wurde die Fahne für die 1. August Beflaggung der Gasse aufbewahrt, so wie sie Judith Müller malte, wie sie Egbert Moehsnang skizzierte. Die Fahne ist brüchig geworden, zerfallen und existiert nicht mehr. Aber die Fahnenstange, die ist beständiger, steht noch im Estrich. Auch der Holzkochherd aus Walter Schälchlis Atelier im 3. Stock südseitig, als Teilmotiv seines Bildes *Atelier mit Modell*, ist hier. Sperrige und schwere Objekte leben länger. Wenn sie schon mal oben sind, wie sollten sie denn wieder hinunterkommen, und warum denn. Hier ist viel Platz, sie stören nicht.

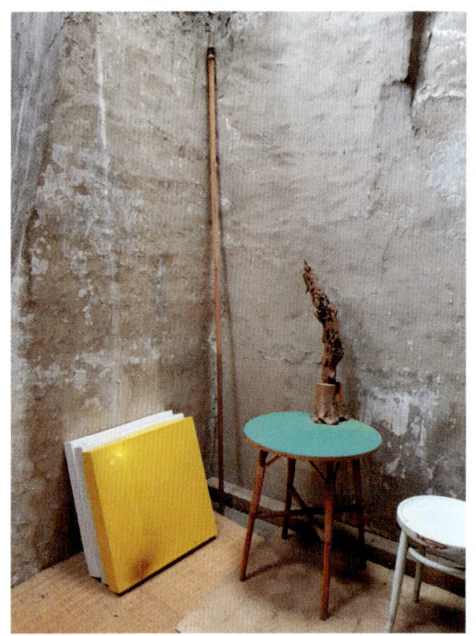

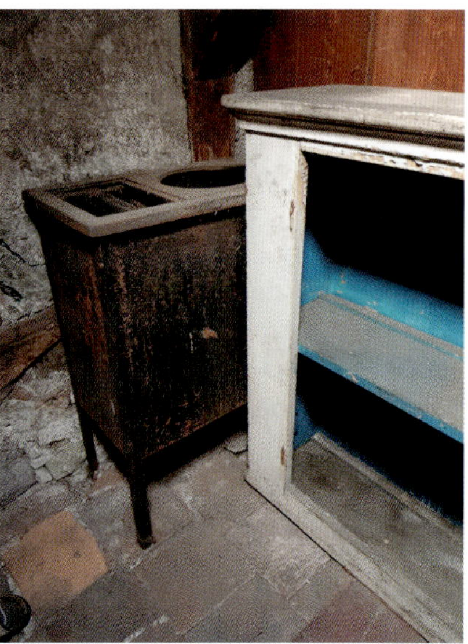

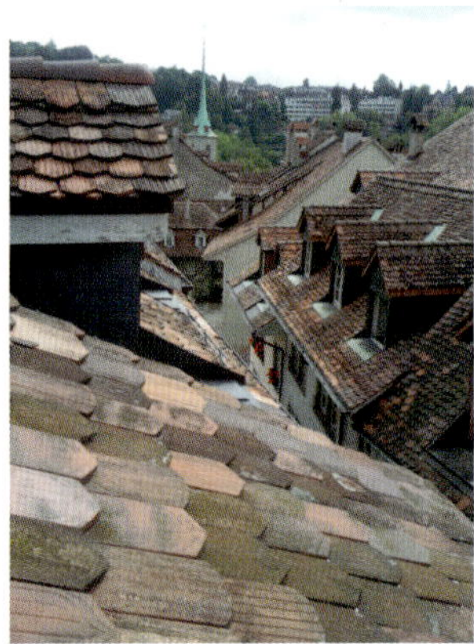

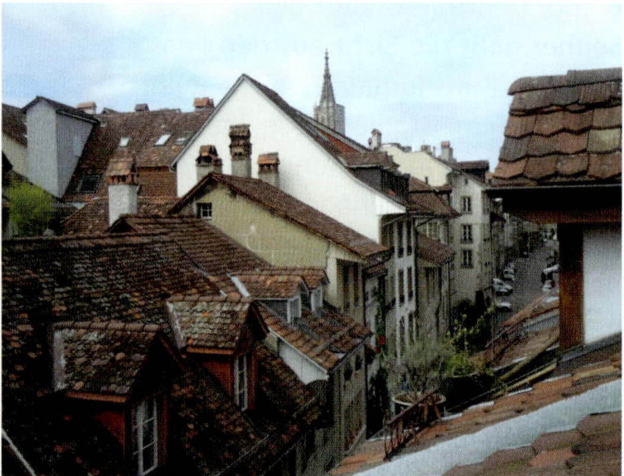

oben links – Fahnenstange für die 1. August-Schmückung im Estrich, eingegangen in Arbeiten Müllers und Moehsnangs.
oben rechts – Holzkochherd aus Walter Schälchlis Atelierküche.
unten links – Aussicht Ost.
unten rechts – Aussicht West.

Abstieg, zurück ins Parterre und von da in den Untergrund. Was von der Gasse her im Keller ist, geht von der nördlichen Hausrückseite ebenerdig hinaus zur Postgasshalde. Gassenseitig ein schräger Kellereingang direkt von der Strasse, mit schweren aufklappbaren Brettern, weinrot gestrichen wie die Klappbretter unter den laubenseitigen Fassadenfenstern, dazu der graue Sockel unter dem Laubenbogen. Steile Treppen führen hinunter, unregelmässige Tritte verlangen beobachtendes Gehen, der Höhe wegen mit eingezogenem Kopf. Unzählige Schritte haben durch die Jahrhunderte bei ihrem Treppauftreppab auch hier Dellen in die Stufen geschliffen.

Wieder wird deutlich, dass von den Mauern, Böden, Wänden, selbst der Architektur Hausgeschichte abgelesen werden kann, Spuren zu finden sind, die von früher Bauweise, der Wiederverwendung von Baumaterial, früherem Gebrauch zeugen. Was für den Estrich gilt, ist auch für den Keller gültig: Hier ist Platz, was mal unten ist, bleibt unten. Sperrige und schwere Objekte leben eben länger.

Der Boden ist uneben gestampfte Erde, hier und da mit Flusssteinen durchsetzt. Senklöcher sind eingelassen und verbreiten je nach Wetterlage und Luftdruck eine unangenehme Ausdünstung der Kanalisation. Mauerwände bestehen aus uneinheitlich grossen Sandsteinquadern, wiederverwertete von früheren, anderweitigen Mauern. Wovon mögen sie vor ihrer Verwendung hier, also fünf- oder sechshundert Jahre zurück, Teil gewesen sein? Ebenso sind die den Raum durchziehenden Grund- oder Bodenmäuerchen aus Sand- und Flusssteinen wiederverwertete, zusammengesuchte Bauteile. Frühere Unter-

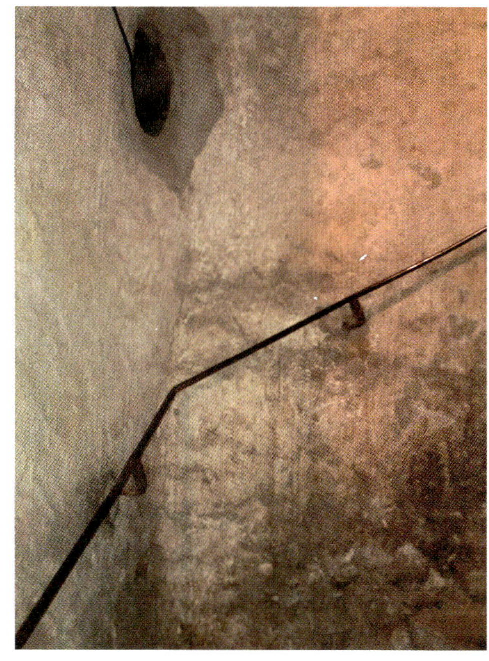

Abstieg in den Keller mit Mauerloch.

teilungen zur Gewinnung von Kellerabteilen werden es gewesen sein, wohl mit Brettern bis zur Decke ergänzt. Zu einer späteren Zeit wurden Zwischenwände durch Metallstützen ersetzt, die Bretterverschläge zugunsten grösserer Kellerräume abgebaut. Eine Luftschutztüre ist eingebaut, beklemmend allein der Anblick.

Waagrecht den Wänden entlang verlaufen die zu verschiedenen Zeiten eingezogenen Leitungen für Wasser, Gas und Strom mit den jeweiligen Messgeräten und Zählern. Senkrecht und wuchtig stehen gusseiserne Abwasserrohre.

Ein rätselhaftes, mindestens fussballgrosses Loch geht durch die Wand des gewundenen Treppenaufgangs. Ein seltsamer Anblick und vorerst bleibt unklar, wozu es hätte dienen können. Dann kommt einem aber der Dachdecker in den Sinn, der bis ins Jahr 1977 hier im Keller seine Bude und sein Materiallager hatte. Weil für das Herunter- und später wieder Hinauftragen der langen Dachlatten die Krümmung der Treppe zu eng war, verschaffte er sich mit diesem Loch als Durchreiche den Kellerzugang. Mit diesem Nadel-

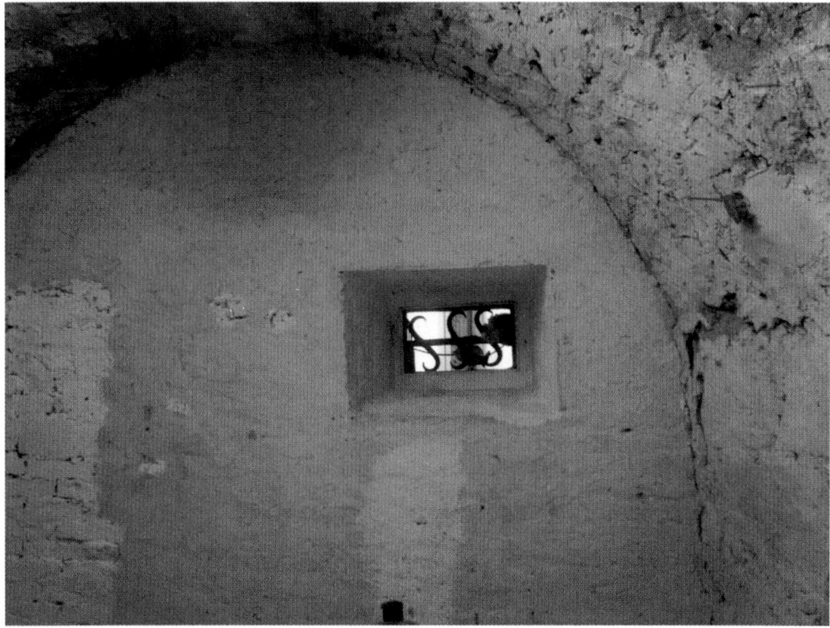

Gewölbekeller.

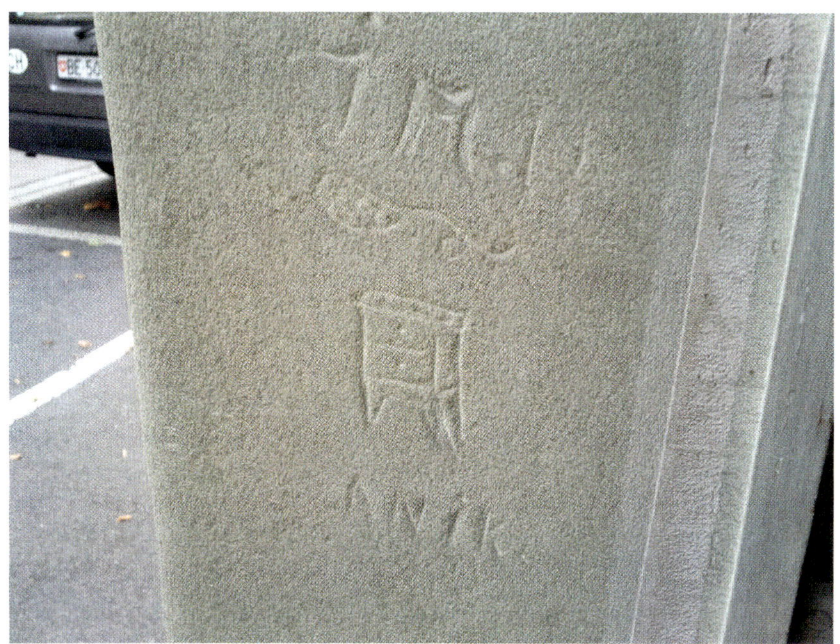

Wandinschrift des Antikschreiners Jauner.

öhr für Dachlatten hat sich der Dachdecker ins Haus eingeschrieben. Seine vier Meter lange Holzleiter ist ebenfalls hier in seinem Keller unten geblieben. Schweres, Sperriges lebt lang.

Mitten im unübersichtlichen Kellerlabyrinth, durch Korridore und nach niederen Durchgängen, vorbei an etlichen Abzweigungen in Seitenräume, plötzlich das Herzstück: der Gewölbekeller. Ein in der Höhe eingelassenes Fensterchen geht in ein angrenzendes Kellerabteil, sonst ist der schmale Raum eingefasst mit dicken unebenen Mauern. Die geweissten Wände reflektieren das helle Deckenlicht. Hier fühlt man sich tief im Boden, auch wenn schon der nächste Raum zum Ausgang auf die Postgasshalde führt. Da fällt ein langer steinerner Wassertrog auf. Seine Verwendung wird sich mehrmals geändert haben. Ob für Tiere, die wahrscheinlich auch hier gehalten wurden, wie an der Gasse gegenüber? Als Brunnen für die Vorgärten mit Arbeitsplatz der Werkstätten, bevor sie dem Bau der Strasse geopfert wurden?[1] War einmal ein Korber hier und brauchte ihn zum Einweichen seiner Ruten?

Der Antik- und Möbelschreiner Max Jauner jedenfalls brauchte den Wassertrog zum Einweichen von Hölzern für seine Intarsienarbeiten. Postgasshalde Nr.7 war sein Eingang. Im Sandstein des äusseren Türrahmens hat er sich dem Haus eingeschrieben. *JAU* steht da, ornamental unterstrichen. Darunter hat er ein handgrosses Kommödchen in den Stein gemeisselt, schlussendlich das Wort *ANTIK*, fein und ohne starke Kerbung.

1 Am Stadt-Modell im Historischen Museum ist ersichtlich, dass sich an der Rückseite der Postgasse-Häuser bis hinauf zum Rathaus Gärten oder Aussenarbeitsplätze der Handwerksbetriebe befanden. Sie mussten 1868 dem Bau der Umfahrungsstrasse Postgasshalde und Schüttestrasse weichen. Dachaufstockungen sowie die Aufwertung der Nord- beziehungsweise Rückseite der Häuser, mit Anbauten von Werkstätten mit aufliegenden Terrassen an der Postgasshalde, geschahen um die Mitte des 19. Jahrhunderts.

3 Die Künstler:innen

Reihenfolge nach Jahr des Einzugs ins Künstlerhaus

Müllegg Alexander	frühe 1930er Jahre
Fuhrer Simon	1936
Stauffer Elsa	1939

DIE KÜNSTLER:
INNEN

Müller Judith	1942
Jegerlehner Hans E.G.	1944
Schälchli Walter	1945/46
Moehsnang Egbert	1952
Vögeli Walter	1954
Lüscher Gottfried	1956
Vögeli Marianne	1959
Oppenheim Meret	1962
Altorfer Esther	1964
Hosig Nick	1991
Berla Pia	2002
Robert Marie-Françoise	2007
Roth Andreas	2010
Keller Lilly	2010
Felber Verena	2010

4 Die Künstlerinnen im Künstlerhaus

Nurja G. Ritter

Die Geschichte der Künstler im Künstlerhaus ist ebenso eine Geschichte der Künstlerinnen im Künstlerhaus. Denn der Blick auf die Liste der im Haus Arbeitenden zeigt, dass nicht gleich viele, sondern mehr Künstlerinnen ein Atelier an der Postgasse 20 hatten. Von den insgesamt achtzehn Künstler:innen, die im Künstlerhaus an der Postgasse seit den frühen 1930er Jahren arbeiteten, sind zehn Frauen und acht Männer. Das Künstlerhaus ist folglich mehr Künstlerinnenhaus. Dies ist darum bemerkenswert, weil im gleichen Zeitraum in lokalen Ausstellungsinstitutionen, wie dem Berner Kunstmuseum oder der Kunsthalle, Künstlerinnen massiv untervertreten waren – und noch immer sind. Im Vergleich zu anderen Produktionsorten von Kunst in der Stadt, wie dem Schwobhaus in der Länggasse, ist ein solches Verhältnis ebenfalls herausragend. Das Künstlerhaus hat sich in der Geschichte nach und nach vom

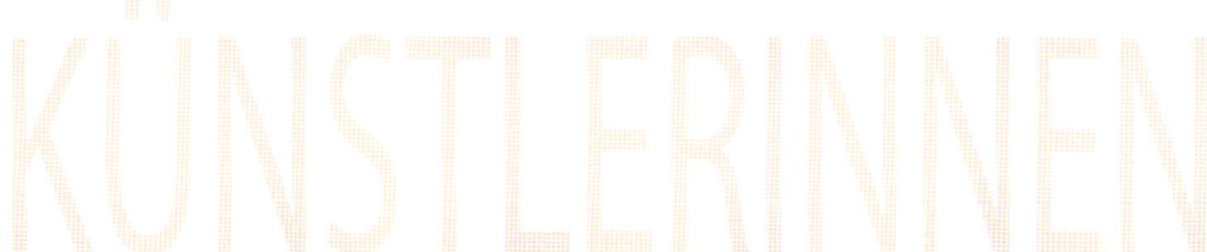

Künstlerhaus zum Künstlerinnenhaus entwickelt, vor allem seit den 1960er Jahren sind mehr Frauen ins Haus eingezogen als Männer – gerade in den 1960er und 1970er Jahren war die Berner Kunstszene stark männerdominiert, Persönlichkeiten wie Bernhard Luginbühl waren wichtige Figuren in der Szene. Wer waren die Künstlerinnen, und wie kam es dazu, dass gerade im Künstlerhaus viele Frauen arbeiteten?

Esther Altorfer, Pia Berla, Verena Felber, Nick Hosig, Lilly Keller, Judith Müller, Meret Oppenheim, Marie-Françoise Robert, Elsa Stauffer & Marianne Vögeli

Die alphabetische Nennung der zehn Künstlerinnen lässt unterschiedliche Schaffenszeiten aufeinanderprallen und Charaktere nebeneinandertreten, die teilweise gar nie gleichzeitig vor Ort waren. Einige blieben viele Jahre, andere nur eine kurze Zeit, manche arbeiteten intensiv im Haus, manche nutzten es eher als Zweitatelier, sie waren fester Teil in der lokalen Szene, oder doch zumindest am Rande dabei. Elsa Stauffer war eine langjährige Bewohnerin, die erste Künstlerin im Haus überhaupt und eine, die fast ihr ganzes Œuvre in diesen Räumlichkeiten produzierte, während Pia Berla nur wenige Jahre in den 2000ern hier verbrachte. Mit Meret Oppenheim zählt eine internationale Ikone der Kunstgeschichte des 20. Jahrhunderts zur Geschichte des Hauses. Marianne Vögeli lebt und arbeitet über Jahrzehnte bis heute vor Ort und prägt das Zusammenleben massgeblich. Diese kurze Aufzählung verschiedener Merkmale gibt bereits einen Einblick in die Unterschiedlichkeit der Künstlerinnen und ihr Wirken über fast hundert Jahre. Doch von Anfang an.

Elsa Stauffer, Judith Müller, Marianne Vögeli, Meret Oppenheim & Esther Altorfer

Als erste Künstlerin zog Elsa Stauffer 1939 im Parterre ein. Sie war die dritte Kunstschaffende im Haus überhaupt, zuvor waren nur zwei Künstler im Haus tätig, Alexander Müllegg und Simon Fuhrer. Nach einem schaffensreichen Aufenthalt in Paris als Schülerin des kubistischen Plastikers Ossip Zadkine kam sie aufgrund des Zweiten Weltkriegs wieder in die Heimat zurück und fand im Künstlerhaus Wohn- und Arbeitsort. In Bern wollte sie ihre Ausbildung fortführen und nahm am Kurs „Vom Maurer zum Polier" an der Gewerbeschule teil. Dass sich eine Frau für diese Ausbildung interessiert, war so ungewöhnlich zu dieser Zeit, dass sie bei der Anmeldung ausgelacht wurde.[1] Im Parterreraum mit dem schmalen Balkon und Sicht auf die Aare arbeitete und lebte sie über 40 Jahre lang. Hier entstanden Steinskulpturen und Tonarbeiten, Mosaike und Malereien. Der Raum im Erdgeschoss ist der einzige im Haus, der grossformatiges Arbeiten zulässt. Die anderen sind durch ihre geringere

1 Elsa Stauffer, Er-Innern in Zeitenwende, Bern 1999, S. 21.

Fläche vielmehr für Maler:innen, Zeichner:innen oder Druckgrafiker:innen passend.

Für Stauffer hingegen war genügend Raum für ihre Produktion unerlässlich. Zusätzlich war das Zusammensein wichtig: Freunde und Bekannte aus der Musik- und Schauspielbranche gingen regelmässig in ihrem Atelier ein und aus. Damals entwickelte sich aus dem Haus an der Postgasse erst das Künstlerhaus, 1941 erstmals nachweislich als solches genannt, allerdings ohne sich als Begriff zu etablieren. Stauffer hat die Veränderung miterlebt und erinnert sich: „Als neue Mieter zogen nur noch Künstler ein."[2] Für sie war das Künstlerhaus als Lebensort ideal, trotz der einfachen Türe, die ihren Raum vom Treppenhaus trennte und der damit verbundenen Nähe zu anderen Anwesenden. Sie schätzte die guten Verhältnisse, die im Haus gepflegt wurden und den respektvollen Umgang. Freundlich, wenn auch lose muss der Austausch untereinander gewesen sein, allgemein eher eine konzentrierte Stimmung.

1943 erhielt Stauffer als erste Künstlerin das Louise Aeschlimann und Margarete Corti-Stipendium, das im Vorjahr erstmals vergeben wurde.[3] Im gleichen Jahr war sie an einer Ausstellung zusammen mit Leo Steck in der Kunsthalle Bern vertreten. Bis zu ihrer ersten Einzelausstellung sollten jedoch weitere 10 Jahre vergehen. Stauffer engagierte sich in der GSMBK (Gesellschaft Schweizer Malerinnen, Bildhauerinnen und Kunstgewerblerinnen, heute SGBK, Schweizerische Gesellschaft Bildender Künstlerinnen), in der sie in den 1950er Jahren als Sektionspräsidentin agierte.

Ihre Werke umfassen reduzierte Porträts, einen raumgreifenden Cheminée-Ofen, bis hin zu grazilen, dynamischen Figurenkompositionen. Später entdeckte sie das Plexiglas für sich und schuf farbige, mit Transparenz spielende Lichtobjekte. Sie war eine Bildhauerin, die trotz der patriarchalen Hindernisse streng ihren eigenen Weg ging. Mit dem Wechsel der Besitzverhältnisse des Hauses Anfang der 1980er Jahre zog Stauffer als fast Achtzigjährige 1984 aus.

Stauffer begleitete das Leben und Produzieren im Haus über viele Jahrzehnte, so auch den Einzug Judith Müllers, die als nächste Künstlerin nach Stauffer ins Haus einzog. Danach folgten bis zum Einzug Marianne Vögelis 1959 ausschliesslich männliche Künstler. Hans Jegerlehner, Walter Schälchli,

2 Ebd., S. 41.

3 Weitere Künstlerinnen des Künstlerhauses erhielten das Aeschlimann Corti-Stipendium, 1949 Judith Müller, 1961 Lilly Keller und 1974 Esther Altorfer.

Egbert Moehsnang, Walter Vögeli und Gottfried Lüscher prägten die 1950er Jahre im Haus. In den ersten Jahrzehnten waren Künstlerinnen folglich markant untervertreten. Dies entsprach dem Zeitgeist, wurde Frauen bis weit ins 20. Jahrhundert hinein die Fähigkeit nicht zugetraut, als eigenständige Künstlerinnen tätig zu sein. 1959 jedoch fand die Kehrtwende statt: Ab dann hatten mehr Frauen als Männer im Künstlerhaus ihre Ateliers. Andreas Roth ist seither der einzige männliche Künstler, der bis heute neu ins Künstlerhaus eingezogen ist. Diese Veränderung fällt mit dem Einzug Marianne Vögelis zusammen. Welchen Einfluss hat sie auf diese Entwicklung?

Marianne Vögeli zog 1959 zu ihrem Mann Walter Vögeli ins Haus ein. Zusammen nutzten sie die Räumlichkeiten als Ateliers, wohnten aber auch als Paar mit ihren beiden Töchtern im Haus. Damit ist Marianne Vögeli eine der wenigen Künstlerinnen in der Geschichte des Künstlerhauses mit Familienleben. Sie ist autodidaktische Künstlerin, erarbeitet unter anderem textile Objekte. Nach ihrer Ausbildung zur Maltherapeutin richtete sie den gassenseitigen Parterreraum zum Atelier für Ausdrucksmalen ein und gibt Kurse für freies Zeichnen. Vögelis werden zum Dreh- und Angelpunkt des Hauses, ihr Küchentisch ein Treffpunkt. Wer auf der Suche war für einen Atelierraum hatte hier die Möglichkeit, Eingang zu finden – obwohl das Haus erst seit 2003 in ihrem Besitz ist, sind es die beiden, die vermittelten und Zugang gewährten. Seit 1959 hat Marianne das Haus massgeblich geprägt, nicht nur von der Konstellation der Künstler:innen, sondern auch in der Erweiterung der Tätigkeiten im Haus, namentlich des Angebots für Malkurse. Sie legte auch den Grundstein für die Nutzung des Parterreraums als Ausstellungsraum ab den 1980er Jahren.

Während Stauffer im Parterre des Hauses arbeitete, war Judith Müller von 1942 bis 1977 im 3. Stock nordseitig tätig. 35 Jahre verbrachte sie im Künstlerhaus und ist damit ebenfalls eine der Konstanten in der Geschichte des Hauses. Die Malerin fertigte Landschaftsgemälde, Stillleben und Porträts, geprägt von einer expressionistischen Malweise. Müller muss das Atelier in der Altstadt auch als Inspiration gedient haben, denn „die Schönheit der alten Stadt Bern" beschreibt sie als das, was ihre ersten künstlerischen Eindrücke erweckt habe.[4] Fast ihr ganzes umfassendes Œuvre ist in diesem, von den historischen Mauern der Stadt umgebenen Haus entstanden, das ihr bis zu ihrem Tod als

4 Marcel Baumgartner (Hg.), L'Art pour l'Aare: Bernische Kunst im 20. Jahrhundert, Bern 1984, S. 49.

Atelier diente. Es sind mehr Verknüpfungen Müllers mit Komiliton:innen aus der Malschule von Max von Mühlenen zu finden als zu parallel im Künstlerhaus arbeitenden Künstler:innen. Doch bestand ein freundschaftliches Verhältnis mit Moehsnang, Schälchli und Walter Vögeli.

In den 1960er Jahren, während Stauffer und Müller im Haus waren, arbeiteten Meret Oppenheim und Esther Altorfer in ihrem gemeinsamen, südseitig gelegenen Atelier im 3. Stock. Zwischen 1962 und 1968 nutzen beide den Raum als Zweitatelier, als Verbindung zur Stadt Bern und zur lokalen Szene. So waren die beiden auch fester Bestandteil der Abende im Commerce, im Gegensatz zu Stauffer und Müller, die sich eher am Rand der Geselligkeiten bewegten. Dies führte auch zu Unruhe im Haus, welches wegen der hölzernen Wände, Türen und Decken doch recht hellhörig ist. In diesen Jahren wurde Oppenheim international wiederentdeckt, das Moderna Museet in Stockholm widmete ihr 1967 eine Retrospektive und 1968 eröffnete der Berner Galerist und Kunstsammler Martin Krebs seinen Ausstellungsraum an der Kramgasse 54 mit einer Einzelausstellung von Oppenheim. Als sie sich im Künstlerhaus einrichtete, war sie nach ihrer Schaffenskrise wieder intensiv am Arbeiten. In dieser Zeit entstanden wichtige Werke ihres Œuvres wie *Eine entfernte Verwandte* (1966), doch ist anzunehmen, dass sie diese vor allem in ihren Hauptateliers erarbeitete.

Esther Altorfer, die erst ihre Ausbildung zur Keramikerin in Langnau im Emmental abgeschlossen hatte, begann Zeichnungen anzufertigen, malte Aquarelle oder erarbeitete Assemblagen aus ganz unterschiedlichen Materialien. Ihr radikales Œuvre ist klein geblieben, was auch damit zusammenhängt, dass sie penibel selektierte, welche Werke Bestand haben, andere aber wieder vernichtete. Ihre Arbeiten weisen eine gestische Intensität auf, sowohl im groben Auftrag von Farbfeldern als auch in schriftähnlichen Linienzügen. Altorfer war wichtiger Bestandteil der Berner Szene und starke Persönlichkeit im Haus. Der Galerist Toni Gerber widmete ihr 1970 als einziger Künstlerin eine Einzelausstellung. Sie war Teil von Harald Szeemanns 1991 eröffneten Ausstellung *Visionäre Schweiz* im Kunsthaus Zürich, zusammen mit sieben weiteren Künstlerinnen, darunter Oppenheim – nebst 49 Künstlern.

Diese fünf Künstlerinnen – Stauffer, Müller, Vögeli, Oppenheim und Altorfer – sind hier zusammen vorgestellt, da nach dem Einzug Altorfers 1964, die bis 1968 blieb, eine Veränderung in der Geschichte des Hauses zu beobachten ist. Walter und Marianne Vögeli nutzen die Räumlichkeiten zunehmend als Arbeitsort und Lebensraum. In den 1970er und 1980er Jahren waren neben der Familie die drei Künstler:innen Stauffer, Müllegg und Müller im Haus. Diese Phase wird 1991 mit dem Einzug von Nick Hosig aufgebrochen.

Vom Privatunterricht zur Kunstschule

Die Geschichte der Künstlerinnen im Künstlerhaus ist auch im Hinblick auf die Ausbildungsmöglichkeiten zur Künstlerin interessant. Möglich wurde in diesen fast hundert Jahren ein lang erkämpftes Recht: Als Frau an Kunsthochschulen Kunst zu studieren. Bis weit ins 20. Jahrhundert hatten Frauen nicht die gleichen Ausbildungsmöglichkeiten wie sie Männern zugänglich waren. Die Folge war der autodidaktische Weg oder – wer es sich leisten konnte – Privatunterricht. Stauffer zum Beispiel war mehrheitlich Autodidaktin, doch verbrachte sie auch einige Zeit in Paris als Schülerin von Ossip Zadkine. Ebenso ist Vögelis Weg zur Künstlerin autodidaktisch geprägt. Judith Müller stammte durch ihren Vater, dem Maler Albert Müller, aus einer Künstlerfamilie, besuchte die Gewerbeschule Bern und die private Malschule von Max von Mühlenen. Von Mühlenen betrieb ab 1940 seine Malschule im Dachgeschoss des Kornhauses. Von Anfang an waren Frauen zugelassen – wenn auch weniger aus Gleichstellungsgründen als vielmehr zugunsten einer guten Auslastung der Kurse. Von Mühlenen wirkte stärkend und fördernd für die Künstlerinnen, und so ist er mitunter Grund dafür, dass in Bern auffällig viele Malerinnen zu dieser Zeit tätig waren.[5] 1964 wurde die Schule an die Gewerbeschule angegliedert. Oppenheim lebte ab 1932 fünf Jahre in Paris und besuchte die für Frauen offenstehende Kunstschule Académie de la Grande Chaumière, die unter anderem von Martha Stettler mitgeleitet wurde, bevor sie nach Basel an die Kunstgewerbeschule wechselte. Gewerbeschulen oder handwerklich geprägte Ausbildungen standen in verschiedenen Bereichen auch Frauen offen, so machte beispielsweise Altorfer eine Ausbildung zur Keramikerin. Aus der Gewerbeschule in Bern entstand 1985 die Schule für Gestaltung, an der auch Pia Berla studierte. Zu dieser Zeit waren die Hürden für Frauen zur Zulassung zum Kunststudium bereits überwunden. Aus der Schule für Gestaltung wurde 2003 die Hochschule der Künste Bern.

5 Annelise Zwez, Liebt mich, liebt mich nicht, liebt mich, liebt mich nicht. Die Künstlerinnen: Zwischen Erfolg, Diskriminierung und Rückzug, in: Gabriel Flückiger, Michael Krethlow, Konrad Tobler (Hg.), Bern 70, Bern 2017, S. 406.

Bern in den 1960er Jahren

Die 1960er Jahre sind eine besonders wichtige Zeit für die Künstlerinnen im Haus an der Postgasse 20. Stauffer ist eingerichtet in ihrem Atelier im Parterre, Müller im dritten Stock über ihr, daneben gassenseitig Oppenheim und Altorfer und dazu Marianne und Walter Vögeli mit Familie. Gleichzeitig arbeitete Müllegg im ersten Stock neben Walter Vögeli, im Stockwerk darüber Egbert Moehsnang, der das Atelier Mitte der 60er Jahre von Oppenheim und Altorfer zusätzlich zu seinem seit 1952 bestehenden übernimmt, Gottfried Lüscher im zweiten Stock und Walter Schälchli im dritten. Die vorhandenen Räumlichkeiten sind gut ausgelastet. In diesen Jahren waren so viele Künstler:innen wie zu keinem anderen Zeitpunkt im Haus.

Doch die Stimmung in der Szene war eine andere: Es war das Jahrzehnt der Direktion von Harald Szeemann in der Kunsthalle Bern (1961–1969) – während dem keine einzige Einzelausstellung von einer Künstlerin in dieser Institution stattfand.[6] Im Jahrzehnt davor und bis in die 1960er Jahren hinein etablierte sich in Bern eine stark männlich dominierte Kunstszene.[7] Keller äusserte sich retrospektiv ganz klar: „Von Frauen war gar nichts in Bern!“[8], Frauen seien nicht beachtet worden im Kunstbetrieb. Dies führte dazu, dass in dieser Zeit markant weniger Künstlerinnen öffentlich in Institutionen präsent waren und hatte zur Folge, dass wiederholt Proteste seitens der Künstlerinnen stattfanden, die für ihre Repräsentation einstanden. Die gesamte Berner Szene, die zwar weit über die Schweizer Grenzen hinaus Beachtung fand, liess Künstlerinnen kaum zu – was auch national zu beobachten ist. Im folgenden Jahrzehnt beginnt sich dies aufzulockern: Die Frauenbewegung dominiert die 1970er Jahre, die die gesellschaftliche, politische und wirtschaftliche Position der Frauen neu definierte.[9] Was die Kunstbranche ebenso veränderte. So geht 1975 der Basler Kunstpreis nach 26-jährigem Bestehen erstmals an eine

6 Martin Bieri, Endlich eine Künstlerinnen-Halle, Der Bund, 3.6.2021.

7 Annelise Zwez, Liebt mich, liebt mich nicht, liebt mich, liebt mich nicht. Die Künstlerinnen: Zwischen Erfolg, Diskriminierung und Rückzug, in: Gabriel Flückiger, Michael Krethlow, Konrad Tobler (Hg.), Bern 70, Bern 2017, S. 406.

8 Magda Kaspar, Feminismus und Kunst, in: Gabriel Flückiger, Michael Krethlow, Konrad Tobler (Hg.), Bern 70, Bern 2017, S. 101.

9 Magda Kaspar, Feminismus und Kunst, in: Gabriel Flückiger, Michael Krethlow, Konrad Tobler (Hg.), Bern 70, Bern 2017, S.95.

Künstlerin – an eine, die mit dem Künstlerhaus in Verbindung steht, obwohl sie damals ihr Atelier bereits nicht mehr dort hatte: an Meret Oppenheim. Oppenheim sprach offen über die Missstände und prangerte Sexismen klar an, stand aber der Frauenförderung auch kritisch gegenüber, getreu ihrer Aussage »Jeder Künstler ist androgyn».[10]

Während im Künstlerhaus wenig politisches Engagement auszumachen ist, äusserte sich Lilly Keller immer wieder in ihrem Werk feministisch und thematisierte männlichen Machtmissbrauch, sie, eine zentrale Figur der Berner Kunstszene zu der Zeit, die aber erst 2010 im Künstlerhaus ein Atelier bezieht. Trotzdem bildete sich in der Stadt kein feministisch motiviertes Netzwerk von Künstlerinnen.[11] Unter den Künstlerinnen des Künstlerhauses hat sich auch nie eine Künstler:innengruppe gebildet, die zusammenarbeitete, gemeinsam ausstellte oder sich engagierte. Eine gesellschaftlich verstandene Frauensolidarität, die zu Gruppenbildung unter Künstlerinnen geführt hätte, gab es damals noch nicht und bis heute nur selten.[12] Was jedoch zu beobachten ist, sind gemeinschaftliche künstlerische Arbeiten: Es gibt Kooperationen zwischen Oppenheim, Lilly Keller und Altorfer.[13] Zudem kuratierten Oppenheim und Keller 1971 gemeinsam die Ausstellung *Die andere Realität* im Weissen Saal des Kunstmuseums Bern.[14]

Pia Berla, Verena Felber, Nick Hosig, Lilly Keller & Marie-Françoise Robert

Mit der Ausnahme von Andreas Roth, der 2012 ein Atelier bezog, sind ab 1991 nur noch Künstlerinnen ins Haus eingezogen. Damals zog Nick Hosig ein und durchbrach dadurch die längere konstante Zusammensetzung der 1970er und 1980er Jahren. Hosig ist viel gereist, hat auf verschiedenen Kontinenten gelebt, geschauspielert und fotografiert – das Atelier im Künstlerhaus nutzte

10 Ebd., S. 99.

11 Ebd., S. 101.

12 Annelise Zwez, Künstlerinnen im Kraftfeld der Berner 68er-Jahre, Bern 1992.

13 Magda Kaspar, Feminismus und Kunst, in: Gabriel Flückiger, Michael Krethlow, Konrad Tobler (Hg.), Bern 70, Bern 2017, S. 101.

14 Annelise Zwez, Liebt mich, liebt mich nicht, liebt mich, liebt mich nicht. Die Künstlerinnen: Zwischen Erfolg, Diskriminierung und Rückzug, in: Gabriel Flückiger, Michael Krethlow, Konrad Tobler (Hg.), Bern 70, Bern 2017, S. 417.

sie während vier Jahren vor allem für ihr fotografisches Werk. Sie hat zusammen mit Oppenheim und Keller im Kellertheater gespielt, war somit schon lange mit Bewohner:innen des Hauses verbunden. So waren es denn auch persönliche Kontakte zu Marianne und Walter Vögeli, die ihr die Tür öffneten für den Einzug. Sie fühlte sich wohl im Haus, der Raum war geeignet für das Fotoatelier und inspirierte sie zum Malen.

2002 bezieht Pia Berla den Raum im 3. Stock nordseitig, in dem davor Hosig gearbeitet hat. Das Haus führte sie zum Schreiben, sodass ihr Atelier an der Postgasse neben Mal- auch Schreibort wurde. Berla ist in verschiedenen Medien zu verorten, so entstanden auch Videoarbeiten. Wie Hosig blieb sie vier Jahre im Haus. Nach ihrem Auszug übernahm Marie-Françoise Robert 2007 das Atelier, die bis heute im Haus tätig ist. Für ihre Arbeiten auf und mit Papier schneidet sie Papierstücke aus unterschiedlichen Printmedien aus und sammelt sie nach einer eigenen Struktur. Die Autodidaktin erarbeitet vor allem Collagen, die sie teilweise mit Zeichnungen oder Malereien kombiniert.

Mit Lilly Keller und Verena Felber kamen 2010 zwei Künstlerinnen gleichzeitig ins Haus, die sich im 2. Stock das Atelier auf der Südseite bis 2017 teilten. Die beiden sind die siebzehnte und achtzehnte Künstlerin, die ins Künstlerhaus eingezogen sind. Lilly Keller nutzte ihr Atelier vielmehr als zweiten Produktionsort neben ihrem Wohn- und Arbeitsort in Thusis. Seit den 1950er Jahren zentraler Bestandteil der Berner Kunstszene, verband sie lange Freundschaften mit Künstler:innen aus dem Künstlerhaus, vor allem mit Oppenheim, Altorfer und Felber. 2010 beschloss sie, die Nähe zu Bern wieder zu vertiefen und zog ins Künstlerhaus ein. Sie war eine der Künstlerinnen des Hauses, die in ihrem Œuvre feministische Themen aufgriff und in der Kulturförderung aktiv war. Keller gehörte ab 1970 als einzige Frau der kantonalbernischen Kunstkommission an.[15] Die ungleiche Behandlung und Beachtung von Frauen und Männern in der Kunstwelt war wiederholt Thema in ihrem Werk. Sie jedoch war überzeugt, dass es nur die eine Kunst gibt, egal ob von Männern oder von Frauen produziert: Eigenständigkeit war für sie zentral.[16]

Nach dem Wegzug von Keller und Felber tauschte Robert ihren Raum im 3. Stock nordseitig mit Blick auf die Aare mit dem gassenseitigen im 2. Stock von Keller und Felber, der seither ihr Arbeitsort ist.

15 Andreas Bellasi, Ursula Riederer, Konrad Tobler, Lilly Keller. Das Leben. Das Werk, Salenstein 2010, S. 34.

16 Ebd., S. 79.

Ausstellungen im Künstlerhaus

Nach dem Auszug Elsa Stauffers 1984 aus ihrem Atelier im Parterre nutzte Walter Vögeli diesen Raum als Atelier. Doch nur für kurze Zeit, ab 1986 fanden hier in unregelmässigen Abständen Ausstellungen statt. Die erste war eine Gruppenausstellung mit Werken Walter Vögelis und Performances von Iris Gerber Ritter. Es stellten befreundete Künstlerinnen aus wie Barbara Gerny-Vojtechnova (2003), Alexandra Kurz/Maja Wagner (2005) und Regula Maria Müller (2007), Theres Welter (2012), aber auch Künstler:innen des Hauses wie Walter Vögeli und Marie-Françoise Robert (2009), zudem fand 2015 die Jahresausstellung der Schweizerischen Gesellschaft Bildender Künstlerinnen (SGBK) hier statt.

In der Schweiz war den Frauen sogar die Aufnahme in Künstlerverbände lange Zeit verwehrt. Die 1865 gegründete Gesellschaft Schweizer Maler und Bildhauer (GSMB, später mit Architekten GSMBA) schloss Frauen aus. Ferdinand Hodler, von 1912 bis 1918 Präsident der Gesellschaft, sagte dezidiert: „Mir wei kener Wiiber". Dies galt bis 1972.[17] 1902 gründeten Frauen in Lausanne eine eigene Gruppierung, 1907 folgte die Gründung der Schweizerischen Gesellschaft Bildender Künstlerinnen (SGBK), wo beispielsweise Elsa Stauffer Mitglied war. Noch 1960 stellten die Künstlerinnen der Berner Sektion ihre Werke nicht etwa in der Kunsthalle oder im Kunstmuseum aus, sondern im Gewerbemuseum.

Das Künstlerinnenhaus

Wieso ist die Geschichte des Künstlerhauses geprägt von Künstlerinnen? Dieser Einblick in die fast hundertjährige Geschichte des Hauses zeigt, dass es nicht explizit gesteuert wurde, dass eine Mehrzahl an Künstlerinnen im Haus lebte. Vielmehr hat es sich ergeben, dass sich ein Freundeskreis Hinweise gegeben hat, wo ein günstiger Atelierraum frei war und hat sich so gegenseitig unterstützt. Es ist zu beobachten, dass einige Künstlerinnen, wie Keller, das Atelier im Haus auch als Verbindung zur Stadt nutzten, da sie ausserhalb wohnten. Dass das Haus privat vermietet wurde und nicht auf städtischer

17 Sabine Altorfer, Vergessen, ignoriert, totgeschwiegen: Vor 50 Jahren wurden die Frauen aus der Versenkung geholt, Tagblatt 8.6.2019.

oder kantonaler Ebene organisiert ist, hat den Zugang für Künstlerinnen geebnet und systemische Hindernisse durchbrochen. Einige Künstlerinnen aus dem Künstlerhaus erlangten zu Lebzeiten Anerkennung, Werke wurden auch öffentlich angekauft. Einige bewegten sich bereits im Umkreis des Künstlerhauses und zogen erst später hinzu, andere bevorzugten die Zurückgezogenheit im Haus.

5 Die 18 Kunstschaffenden

In der Reihenfolge ihres Einzugs ins Künstlerhaus und mit Fokus auf ihre Zeit dort

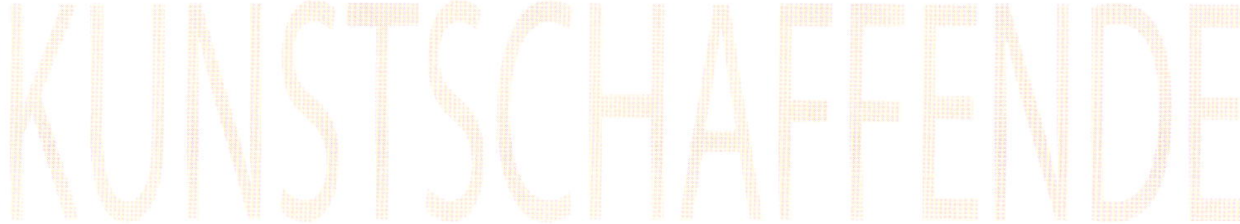

Alexander Müllegg

8. Februar 1904 in Bern – 2. Mai 1982 in Köniz

Atelier im Künstlerhaus von den frühen 1930er Jahren bis 1982 / 1. Stock Nord

Seine Techniken, seine Themen: Zeichnung, Aquarell, Malerei in Öl, Wandbilder, Druckgrafik; mehrheitlich Stadt- und Landschaftsbilder aus der Umgebung Berns, namentlich des Aaretals.

Für den künstlerischen Schmuck des neuen Schulhauses Horbern in Muri bei Bern wird er in den mittleren 1950er Jahren zu einem Wettbewerb eingeladenen, vier Künstler für die Gestaltung der Turnhallenfassade und vier Künstlerinnen für die Eingangshalle des Hauptgebäudes. Alexander Mülleggs Eingabe einer aufwärtsstrebenden Figur mit dem Titel *Erleuchtung* erhält den ersten Rang und damit den Zuschlag zur Umsetzung. Zweit-, dritt- und viertplatziert werden Peter Stein, Alfred König und Hans Jegerlehner, der damals auch im Künstlerhaus arbeitete. Für die Eingangshalle wird ebenfalls eine Künstlerin mit Atelier im Künstlerhaus gewählt, nämlich Judith Müller mit ihrem Entwurf eines Höhlenbewohners am Gestalten von Wandzeichnungen in seiner Höhle. Auf den Rängen zwei, drei und vier folgen die Berner Künstlerinnen Vreni Bähler-Stein, Ruth Stauffer und Elisabeth Stamm.

Ausstellungen (Auswahl)

1931–1975 jährliche Teilnahme, ausgenommen 33, 72 und 74, an den jurierten Weihnachtsausstellungen der Kunsthalle Bern, gleichenorts und im gleichen Zeitraum 14 Beteiligungen an Gruppen- und thematischen Ausstellungen.
Kunsthaus Zürich 1932, 1933, 1940.
Schweizerische Landesausstellung Zürich 1939.
Kunsthalle Basel 1938, 1945.
Kunstmuseum St. Gallen 1951.
Kunstmuseum Thun.

Werke in öffentlichen Sammlungen / im öffentlichen Raum Berns (Auswahl)
Schweiz. Eidgenossenschaft, Kunstmuseen Bern und Thun.

Ab 1946 Gestaltung von Wandbildern, div. Aufträge in öffentlichen Gebäuden: Damaliges Kantonales Oberseminar Bern, heute Universität Bern, Muesmattstrasse 27, Kirchgemeindehaus der Markuskirche Bern, Schulhaus Horbern, Muri-Gümligen.

Nachlass im Kunstmuseum Thun.

Biografisches

Früher Verlust der Eltern. Ab 1919 in
kaufmännischem Beruf in Zürich tätig.
Abendkurse an der Kunstgewerbeschule Zürich,
von 1928–1930 Ausbildung bei A. Joh. Altherr und Georg Rüegg.
1929–1930 Aufenthalt in Paris, autodidaktisches
Zeichnen, ab dieser Zeit freischaffender Maler.
1930 krankheitshalber vermehrte Aufenthalte in Davos,
dort befreundet mit Ernst Ludwig Kirchner.
25 Jahre im Vorstand der Kunsthalle Bern.
1933 Reise nach Italien, längerer Aufenthalt in Palermo.
1934 Reisen nach München und Wien.
Kunstpreise der Stadt Bern 1950 und 1954.

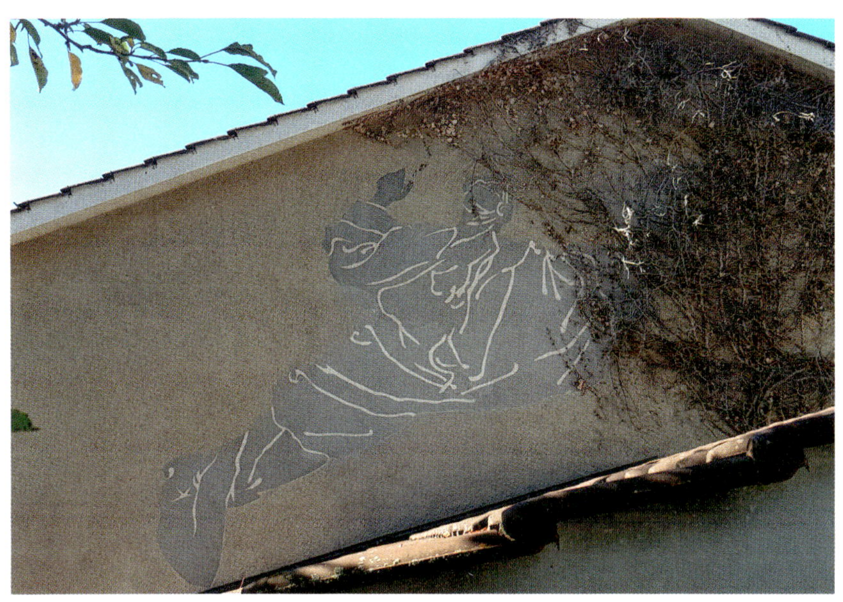

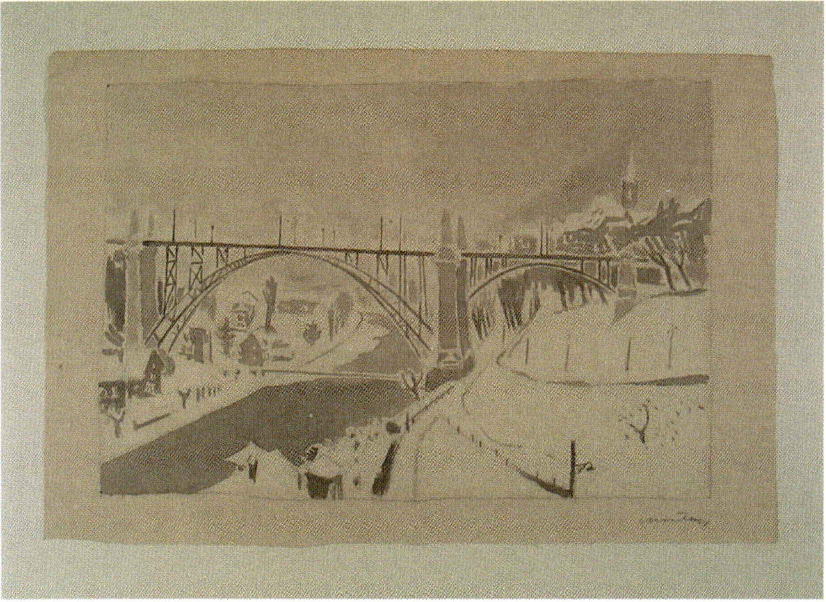

oben – Wandbild am Schulhaus Horbern, Muri bei Bern.
unten – *Kornhausbrücke*, Bleistift- Tuschezeichnung.

Simon Fuhrer

17. Januar 1913 in Bäraugrund bei Langnau – 11. Mai 1990 in Bedano (Tessin)

Atelier im Künstlerhaus von 1936 bis 1942 / 3. Stock Nord

Von Basel zurück nach Bern, besucht Fuhrer Kurse an der Kunstgewerbeschule und mietet ein Atelier im Künstlerhaus, das er bis zu seinem Wegzug nach Melchnau behält. Judith Müller wird es übernehmen und für 25 Jahre benutzen. Beide sind von der Aussicht aus dem Atelierfenster über die Aare zum Altenberg und Salem fasziniert, beide haben sie gemalt und gezeichnet, vom gleichen Fensterplatz aus, bloss zeitlich versetzt.

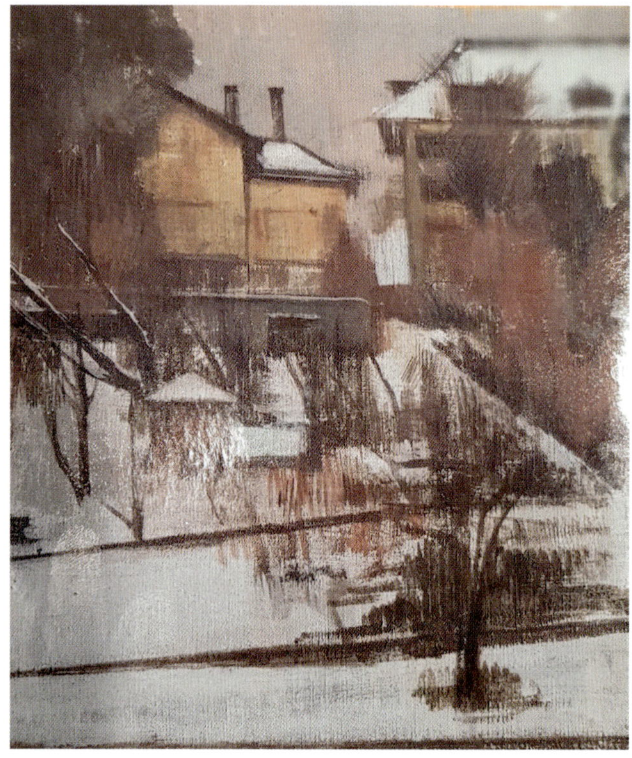

Aarehang mit Gebäuden des Salem Spitals,
vom Atelierfenster aus gemalt.

Im Zeitungsartikel der *Berner Woche* vom 6.9.1941 ist Fuhrer in Text und Bild als einer der fünf im Haus arbeitenden Künstler dokumentiert.

Zum Schaffen Fuhrers schreibt dessen Sohn Simon Andreas Fuhrer 2019:

Die ersten Jahrzehnte des Schaffens waren geprägt durch die Auseinandersetzung mit gegenständlichen Bildinhalten: Landschaften, Stillleben und Portraits. Nach und nach, auch angeregt durch seine Lehrtätigkeit im Gebiet Farbe und Form an der Kunstgewerbeschule Bern sowie durch die Faszination, welche Glas- und Keramikgefässe, antike und moderne, auf ihn ausübten, entstanden immer mehr auch ungegenständliche Arbeiten, ohne dass jedoch die früheren Themen aufgegeben worden wären.

Ungegenständlich kann nun sehr vieles bedeuten. Simon Fuhrer ging es in dieser Hinsicht fast immer primär um Formen, individuelle, begrenzte Formen. Ob diese nun von einem Gefäss abgeleitet oder rein als solche gefunden wurden, die Flächenwirkung war das entscheidende. Das immer neue Spiel bestand für den Maler im Ausloten der Wirkungen und Funktionen, welche diese Formen an sich, im Kontrapunkt zueinander und innerhalb der begrenzten Bildfläche auslösen können. Dass dabei die Farben und Formen und diejenigen ihrer Umfelder von eminenter Wichtigkeit sind, liegt auf der Hand.

Will man über Simon Fuhrers spätere Bilder sprechen, bedient man sich automatisch der Begriffe 'Komposition', 'kontrapunktische Entwicklung', 'Harmonie' und 'Klänge', die uns vorwiegend aus der Welt der Musik bekannt sind. Dies ist kein Zufall.

Simon Fuhrer war von je her ein intensiver Musikhörer. Ab den Sechzigerjahren wirkte sich die Auseinandersetzung mit Kompositionen aus der Zeit des Barocks bis in die Spätromantik mit Bruckner und Mahler, insbesondere aber mit dem Werk J.S. Bachs, immer häufiger direkt auf sein bildnerisches Gestalten aus. Der Maler erlebte sehr tief die Verwandtschaft seiner eigenen gestalterischen Tätigkeit mit derjenigen des Komponisten und Interpreten. Etliche seiner Hauptwerke aus dieser Zeit sind mit 'Fuge' betitelt, viele schlicht mit 'Komposition'.

Ein Bild kehrt zurück ins Künstlerhaus

Simon Fuhrer gehört zu den sehr frühen im Künstlerhaus Tätigen. Von seiner Anwesenheit ist nichts mehr sichtbar im Haus geblieben, weder Spuren noch Werke. An der Jubiläumsausstellung *70 Jahre Künstlerhaus* konnte zwar ein

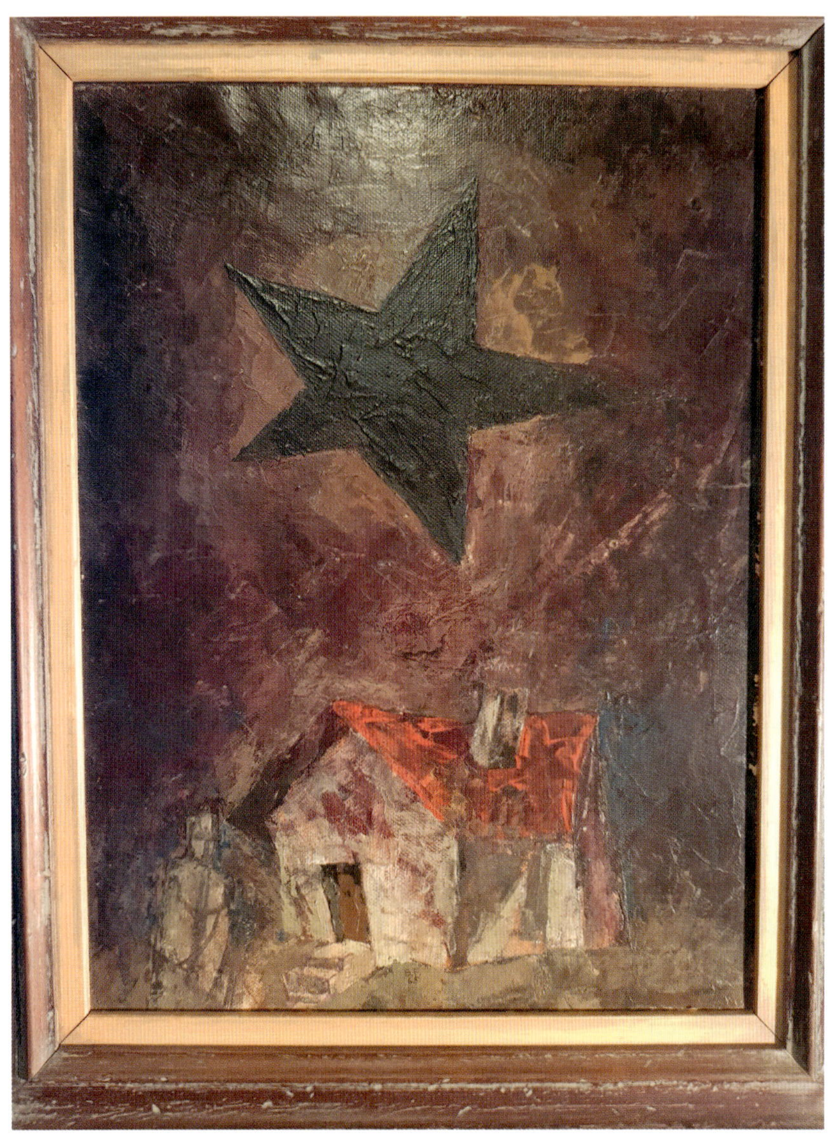

Unter dunklem Stern, Ölgemälde 1965.

Bild gezeigt werden, doch ist ausser dessen Entstehungszeit kein Bezug zum Künstlerhaus gegeben. Es bleibt zu akzeptieren, dass von Simon Fuhrer nicht mehr zu erfahren ist, als was das Künstlerlexikon, Internet und der eine Artikel der *Berner Woche* hergeben.

Doch manchmal hilft der Zufall. Am 6.11.2019 weist ein Inserat im Anzeiger der Stadt Bern auf Bilder aus dem Nachlass von Simon Fuhrer hin. Eine Ausstellung ist organisiert. Im Einladungstext steht geschrieben, ein Bild lebe, wenn es angeschaut würde. Es freue die Einladenden, wenn möglichst viele der Werke einen Platz fänden, wo sie geschätzt würden. Preise seien im Ermessen des Käufers. Eine Adresse, Öffnungszeiten dazu.

In der kleinen Ausstellung ist kein Bild, das auf Fuhrers Malen im Künstlerhaus-Atelier schliessen liesse. Es gebe aber tatsächlich eines mit dem Altenberg Aarehang, das müsse vom Winkel her direkt aus dem Atelierfenster gemalt worden sein, meint Fuhrers Tochter. Dieses Bild sei aber nicht zum Verkauf, es hänge bei ihr zuhause, das gefalle ihr zu gut, um es wegzugeben. Ein anderes Bild ist aber hier im Verkauf, eines mit einer seltsam unwirklichen und nicht eindeutigen Bilderzählung:

Ein kleines Haus aus Stein, helle schiefe Mauern, ein Kamin im verzerrten, seltsam gewinkelten Dach. Drei unregelmässige Stufen führen zu einer Tür. Kein einladender Eingang, die Tür wirkt zu schwer, zu verschlossen, eine Türklinke ist nicht zu sehen. Diese Tür, aber keine Fenster, an keiner der Aussenmauern. Das einzige Zeichen einer möglichen Behaustheit ist der Kamin. Über dem Haus und ihm viel zu nah ein surreal überdimensionierter Stern, fünfzackig und grün. Ein Himmelsgestirn in diesem braun purpurnen Nachtblau? Den fahlen Schein einer düster wolkigen Mondnacht meint man zu sehen, doch eigentliche Helle ist da nirgends: *Unter dunklem Stern, 1965, Biel, Atelier Meienfeldstrasse*, hat Simon Fuhrer auf die Rückseite geschrieben. Dieses Bild hängt jetzt im Künstlerhaus. Als wäre es früher entstanden und hätte es Simon Fuhrer hier hinterlassen.

Ausstellungen

Kunsthalle Bern: jurierte Weihnachts- und thematische Ausstellungen 1943–1955, 1959–1963, 1968–1970 und 1973.
Städtische Galerie Biel 1950 und 1955.

Biografisches

1931 Lehrabschluss als Flachmaler in Burgdorf.
1933 neunmonatiges Stipendium an der Kunstgewerbeschule Basel.
1934–1936 Abendkurse an der Kunstgewerbeschule Bern.
1936 Mitglied der GSMBK.
1939 Stipendium der Stiftung de Harries.
1942 Heirat mit der Lehrerin Gertrud Schneider; Wohnsitz in Melchnau, wo sie unterrichtet.
1947 und 1953 Eidgenössische Kunststipendien, die ihm Studienreisen nach Frankreich und Italien ermöglichen.
1948 Wohnsitz und Atelier in Biel.
1949–1978 Lehrer an der Kunstgewerbeschule Bern.
1976 Umzug nach Bedano (Tessin), Mitglied der Sezione Ticino der GSMBA (SPSAS).

Elsa Stauffer

3. Januar 1905 in Lauterbrunnen – 10. Januar 2006 in Bern

Atelier, zugleich Wohnung im Künstlerhaus von 1939 bis 1984 / Parterreraum Nord

Nach ihrer politisch bedingten Rückkehr von Paris 1939 bis zu ihrem Umzug ins Burgerheim 1984 arbeitet und wohnt sie ausschliesslich im Künstlerhaus. In ihrer Autobiografie schreibt sie: „Endlich ein Fund zu erschwinglichem Preis und zum Frieren in langen Wintern. Doch der Ausblick schenkt Weite über die ruhig dahinfliessende Aare und über herrlichen Baumwuchs. 22 Akazienbäume duften jeweils entlang des oberen Aarewegs."[1]

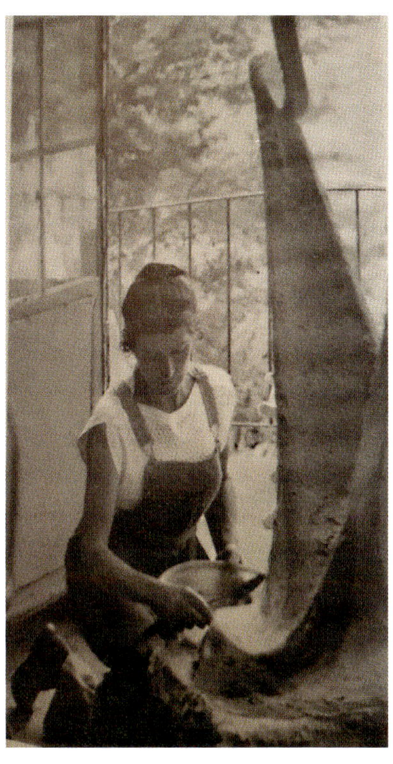

Stauffer skulpturierend in der Veranda vor offener Balkontür.

Stauffer geht mit ihrem Werk selektiv um, ihre Haltung diesbezüglich äussert sie deutlich: „Da unten", und meint damit die Aare, „liegt ein grosser Teil meiner Arbeiten. Man darf nicht alles, was man schafft, wichtig nehmen, alles soll nur Stufe sein, sonst kommt man nicht weiter."[2] Bei ihrer Rückkehr von Paris nach Bern konnte sie keines der dort entstandenen Werke mitnehmen, was auch durch die äusseren Umstände bedingt war. Ebenso zerstörte sie bei ihrem Umzug ins Burgerheim kleinere Werke und liess grössere abtransportieren, wollte in ihrem Werkkatalog nur für sie gültige Arbeiten haben.

1 Elsa Stauffer, Er-innern in Zeitenwende, Bern: Druckerei Läderach, 1999.

2 ths, Unsere Berner Bildhauerin Elsa Stauffer, Berner Tagblatt, April 1953.

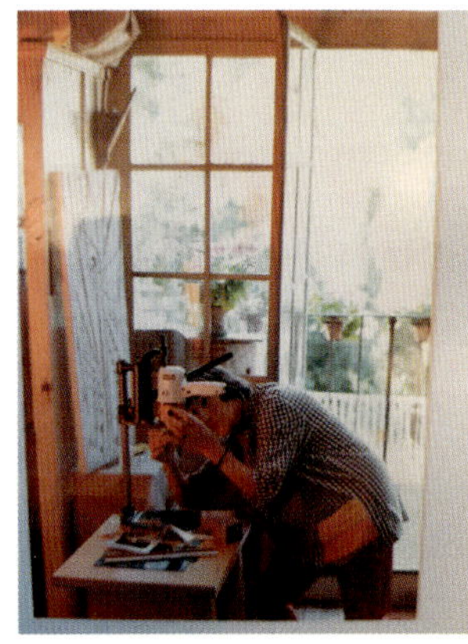

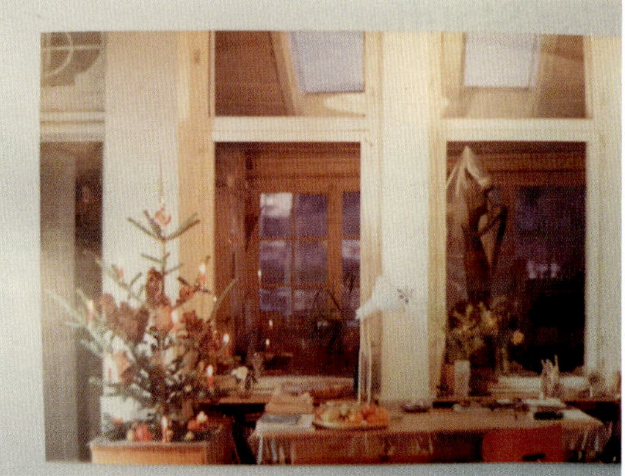

links – Stauffer im Atelier, undatierte Aufnahme.
rechts – Weihnacht im Atelier mit Blick in die Veranda.

Der Cheminéeofen in Muri bei Bern

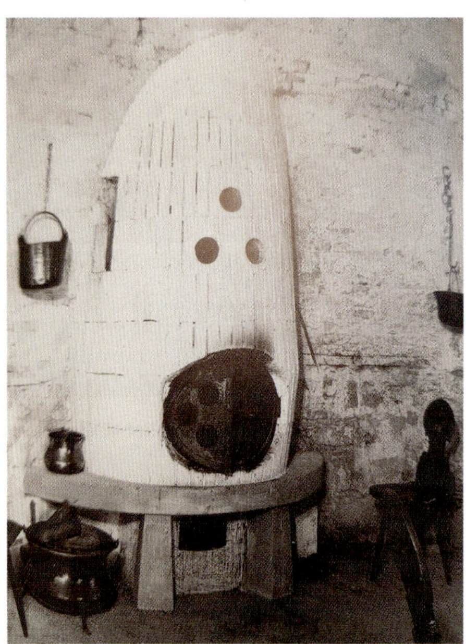

Cheminéeofen in Muri bei Bern, zerstört.

Im waldigen, hintersten Teil des Parks der Villa Mettlen an der Pourtalèsstrasse 35 in Muri bei Bern steht, eigentlich duckt sich, ein niedriges, leicht in den Boden vertieftes Rundhaus mit langgezogenem, gebogenem Zugang. Es ist das Eishaus der ehemaligen Herrschaftsfamilie. Die Kühle des Waldes, der Naturboden im Innern und die dicken Mauern ermöglichten die Aufbewahrung grosser Eisblöcke in der Zeit vor der Erfindung des Kühlschranks. Irgendwann war der Zweck des Eishauses obsolet, also wurde nach einer anderen Verwendung gesucht, was jedoch eine Beheizung des Raums bedingte. Elsa Stauffer wurde beauftragt, einen Cheminéeofen gemäss ihrer neu entwickelten Technik einzubauen, die Rauchentwicklung im Raum unterdrückte und dazu über eine Wärmespeicherung verfügte. Für die Entwicklung dieser Techniken hatte Stauffer Studien betrieben und zu deren Umsetzung eine Ausbildung mit Lehrabschluss zur Maurer-Polierin an der Gewerbeschule Bern absolviert, als erste Frau in diesem Fach.

Das ehemalige Eishaus konnte mit diesem Ofen beheizt werden, der Boden wurde ausbetoniert, es fand neue Verwendung als Ort für Feste und Veranstaltungen. Anlässlich der Skulpturenausstellung im Park im Jahr 2019 zeigte sich aber, dass der Ofen weggeschlagen worden war und die Spuren seiner Existenz retuschiert wurden.

Auf Anfrage bei der Denkmalpflege des Kantons Bern wurden Antworten und Bedauern formuliert:

> Dem verantwortlichen Bauberater war der künstlerische Wert des Ofens nicht bekannt. Aus der Stellungnahme der Denkmalpflege, verfasst am 29. August 2011, können wir den Zeitpunkt des Antrags für den Rückbau datieren. Dem Schreiben ist zu entnehmen, dass der Ofen nach Auffassung der Denkmalpflege in einem Eishaus wesensfremd ist und deshalb die Erhaltung nicht zwingend gefordert wird. Auch verlangte die zukünftige Nutzung des Hauses nicht den Erhalt des Ofens.
> Teil der denkmalpflegerischen Einschätzung an Bauten ist auch die Verhältnismässigkeit. Da der künstlerische Wert des Ofens den Behördenvertretenden nicht bekannt war und dieser offensichtlich nicht bauzeitlich eingebaut wurde, war dem Rückbau nichts entgegenzusetzen. Die Urheberschaft des Ofens war den Behördenvertretenden nicht bekannt. Eine Recherche wurde nicht vorgenommen, da es aus historischer Sicht keine Indikatoren hierzu gab. […]
> Wir möchten an dieser Stelle unser Bedauern für den Verlust eines künstlerisch wertvollen Zeitzeugen kundtun. Aufgrund der Kapazität ist die Denkmalpflege angehalten, Ressourcen für die Bauforschung gezielt einzusetzen. Die Folge davon können leider auch Versäumnisse und Verluste sein. Hinweise der Bevölkerung sind deshalb immer sehr willkommen.
> Denkmalpflege des Kantons Bern 2019

PS: Eine Beschriftung des Cheminéeofens mit Namen der Künstlerin und Angaben zum Objekt hätte Orientierung geben, den Rückbau mit Sicherheit verhindern können.

Ausstellungen (Auswahl)

1943 Ausstellung in der Kunsthalle Bern, zusammen mit dem Maler Leo Steck.
Zwischen 1938 und 1982 immer wieder Beteiligungen an den jurierten Weihnachtsausstellungen.
1955 Kunstmuseum Bern, Ausstellung der Schweizer Malerinnen, Bildhauerinnen, Kunstgewerblerinnen SMBK.
1959 Atelierausstellung eigener Werke im Künstlerhaus.

Werke im öffentlichen Raum

Harfe im Park des Burgerheims Viererfeld, Bern.
Grabstein von Otto Nebel, Maler, Dichter, Schauspieler, Bremgartenfriedhof Bern, 1975.

Nachlass bei ArchivArte Bern.

Biografisches

1918 Umzug vom Simmental nach Bern.
Ab 1926 und parallel zu ihrer Ausbildung zur Arztgehilfin autodidaktisches Schaffen als Bildhauerin.
1935, 1936 und 1940 Verleihung des Ochs-Stipendiums durch die Burgergemeinde Bern. Damit werden ihr Parisaufenthalte ermöglicht. Sie arbeitet im Atelier des russischen Malers und Bildhauers Ossip Zadkine. Rückkehr nach Bern wegen des Kriegsausbruchs.
1943 erhält sie als 1. Frau das Aeschlimann-Stipendium.

1944 Mitglied der GSMBK[3].
1952 Patentierung ihres Cheminéeofens mit Eintrag beim Patentamt.
1954–1957 Präsidentin der GSMBK Sektion Bern.
1965 Arbeiten mit Plexiglas zur Gewinnung
der vierten Dimension, des Lichts.
1984 Sie verlässt das Künstlerhaus, Atelier im Burgerheim.
Es entsteht u.a. die Skulptur *Harfe.*
1999 verfasst sie ihre Autobiografie *Er-innern in Zeitenwende*
und veröffentlicht sie im Eigenverlag.

3 GSMBK, Gesellschaft Schweizerischer Malerinnen, Bildhauerinnen und Kunstgewerblerinnen. Dazu Stauffer: „Frauen hatten notgedrungen ihre eigenen Kunstvereine gegründet. Ich erlebte von Männern bei Jurierungen und Arbeitsvergaben absurde und wüste Verhinderungen." (Zitat aus: Elsa Stauffer, Er-innern in Zeitenwende, Bern: Druckerei Läderach, 1999.)

Judith Müller

1. März 1923 in Lugano – 13. Februar 1977 in Bern

Atelier im Künstlerhaus von 1942 bis zu ihrem Tod 1977 / 3. Stock Nord

Ein Stuhl, so gestellt, dass beim Sitzen der Blick Richtung Fenster geht. Werkzeuge fürs Zeichnen, Schablone, Dreieck, Lineal, sind zwischen den Fenstern an der Wand aufgehängt. Ein zweiter Stuhl ist da, seine Sitzfläche mit Bast bespannt, in der Art, wie Stühle im Tessin oft und in Griechenland durchwegs anzutreffen sind, hellblau. Mit dem gleichen Hellblau gemalt wie auch der Himmelsausschnitt im Fenster. Eine Lampe, verstellbar, zum Anschrauben am Tischblatt. Schliesslich liegt der Atelierraum nördlich, die Sonne kommt da nicht hin, und das Tageslicht braucht Unterstützung. War ihr Licht gelblich? Wäre also diese über die formgebenden Linien gezogene transparente, fast ins Grünliche gehende Farbfläche als deren Schein zu deuten? Oder ist sie gleichsam abstrakt platziert, so wie die Malerin solche auf den grossen Waldbilden einzusetzen pflegte? Damit einen diskreten Kontrapunkt setzend zu den erzählenden Elementen? Eine Flasche auf dem Tisch. Terpentin? Ein Getränk? Ein Spachtel liegt da, kein Messer, es sei denn eines für die Linolschnitte. Die Tischplatte belegt mit Blättern. Irgendwo muss es einen dritten Stuhl geben, wie könnte dieses Aquarell anders entstanden sein? Oder hatte sie eine Staffelei stehen?

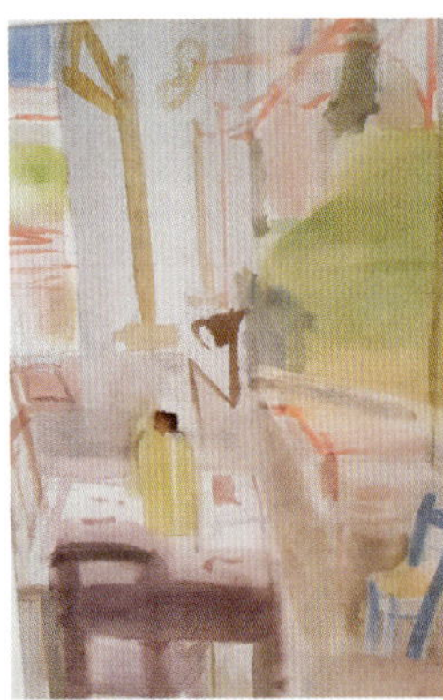

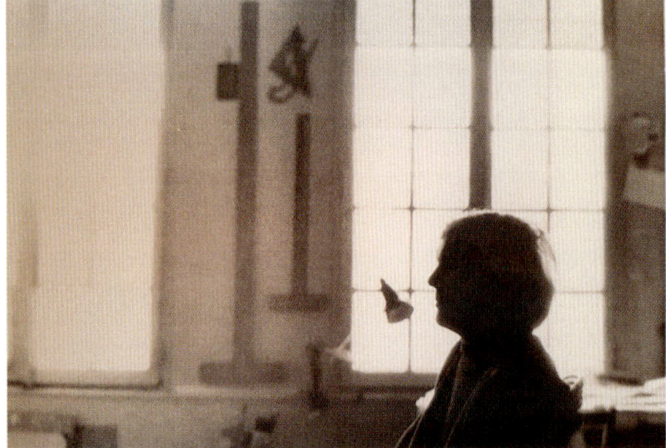

links – Atelier zu den Fenstern hin mit Werkzeugen, Lampe; Aquarell.
rechts – Judith Müller im Atelier mit Objekten wie im Aquarell.
rechte Seite – 1. August Schmückung der Postgasse, Ölbild.

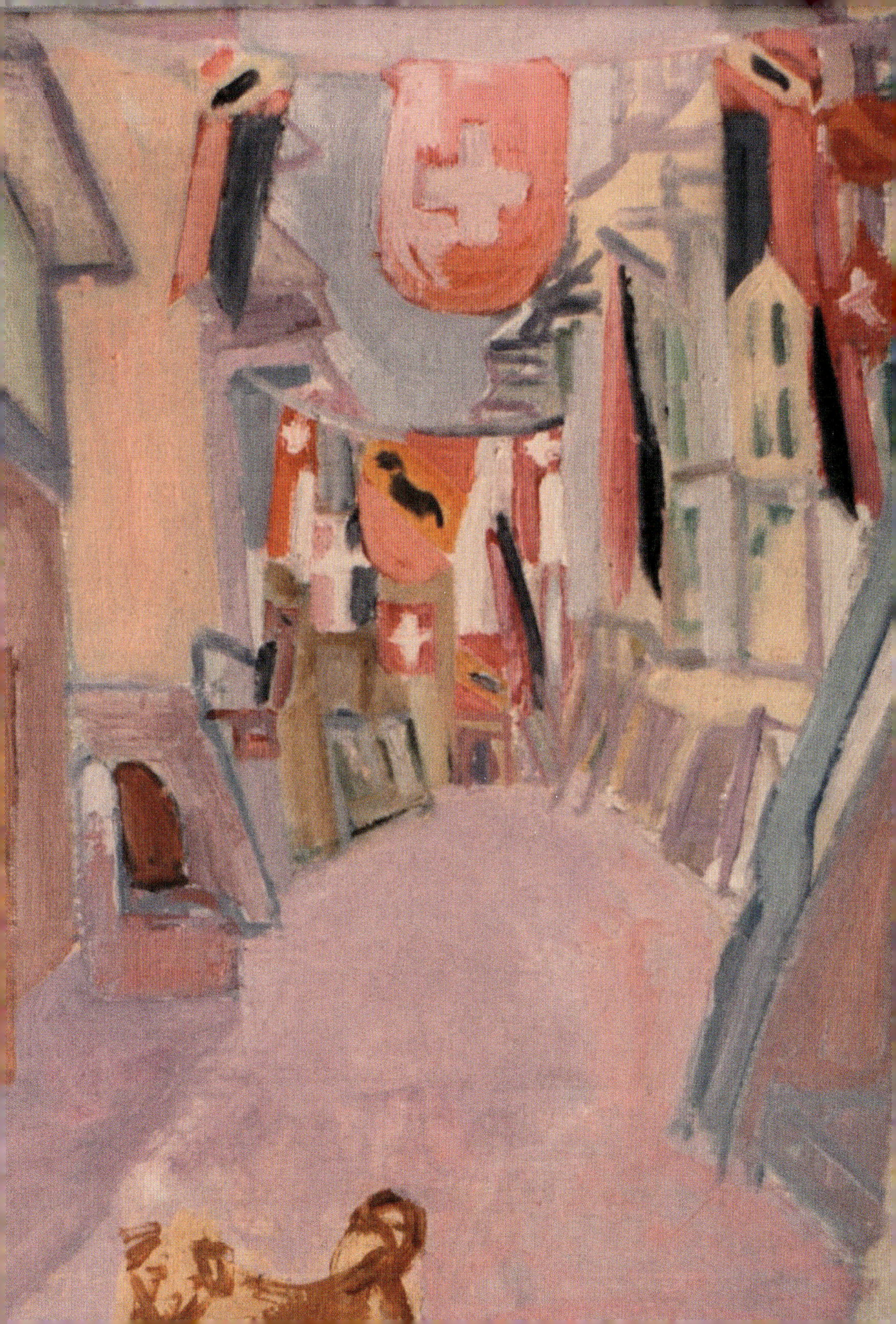

Die mit Fahnen geschmückte Postgasse zum Nationalfeiertag. Die Fahnenstange von damals steht noch immer im Estrich, obschon die Postgasse seit langem nicht mehr beflaggt wird. Der erste Laubenbogen rechts im Bild, das Regenwasserrohr und die grünen Fensterläden gehören zum Künstlerhaus. Was wäre, wenn sich der Hund nicht ins Bild gebracht hätte?

Bäume am Aarehang gegenüber, Gebäude des Salem Spitals, rechts oben die gebogene Linie des Aargauerstaldens in der Ferne und, nah, ein Stück des Fensterrahmens. Die gleiche Sicht wie sie vormals Simon Fuhrer hatte, darum ein ähnliches Bild, das hier, zeitverschoben, vor dem Fenster entstanden ist.

Der Stierkampf. Dieses Bild blieb nach Müllers Tod im Haus. Es ist nicht signiert. Unfertig, eine Studie, Versuche, mit Tempo und Bewegung umzugehen.

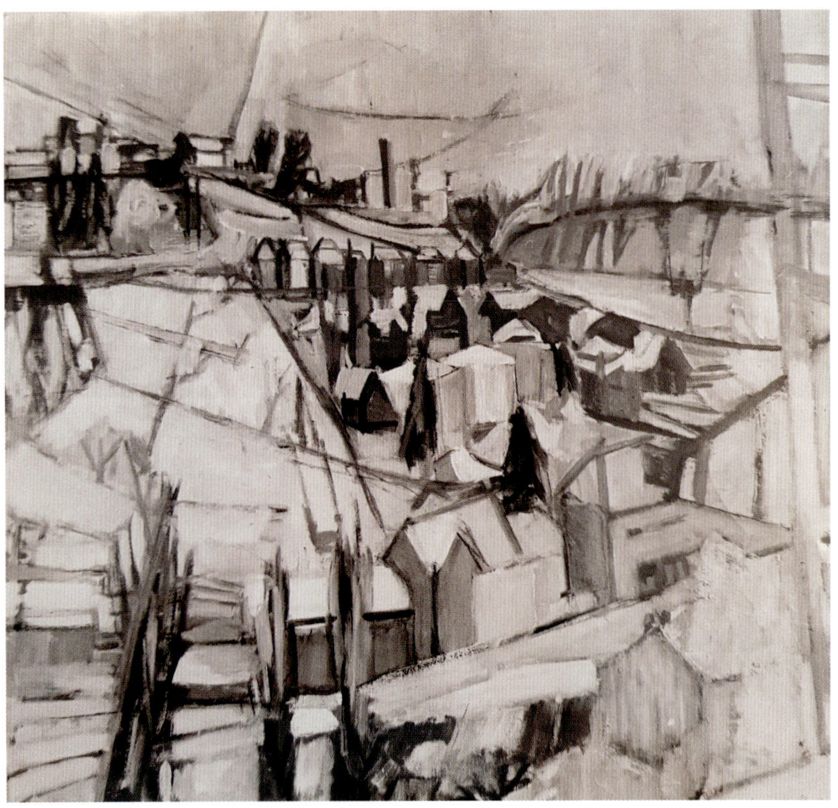

Aarehang mit Aargauerstalden und Rosengarten, vom Atelierfenster aus.

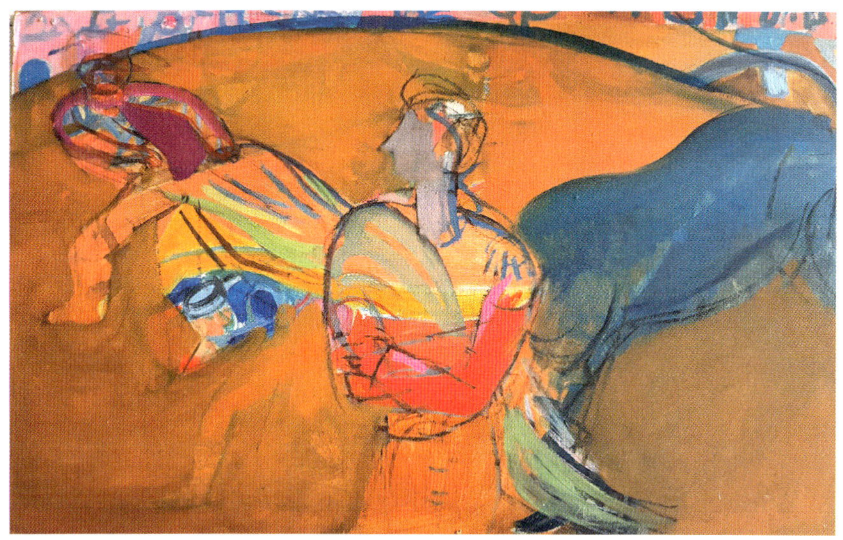

Stierkampf, Studie, 73 × 46 cm.

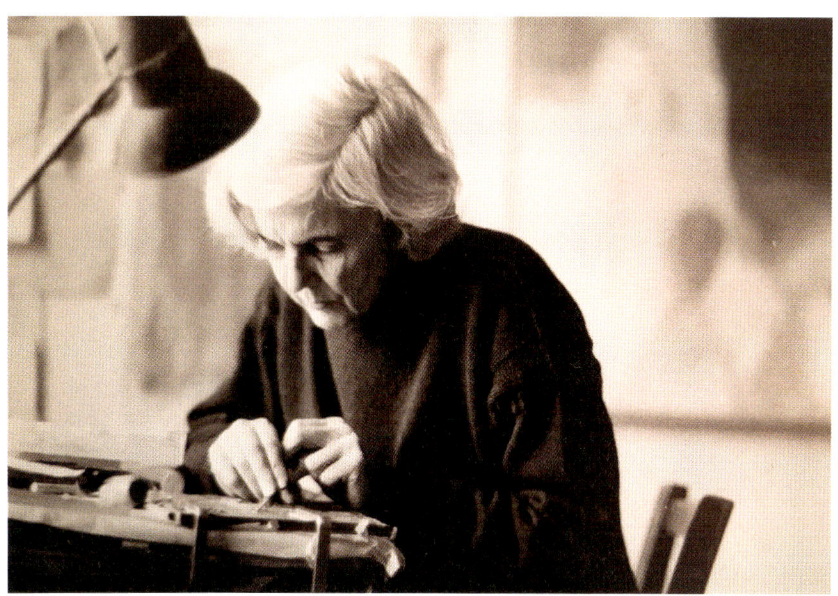

Am Linolschnitt arbeitend.

Der durchlässig übermalte Stier und die von der unteren Farbschicht durchscheinenden Beine des Toreros, wie er noch anders platziert war im Bild, sie könnten im eben-noch-hier-und-gleich-schon-dort-Sein das hohe Tempo des Stierkampfs darzustellen versuchen. Oder sind sie Zeichen des Kampfes der Malerin mit der Bildkomposition? Und die am unteren Bildrand aufscheinenden Köpfe? Sind sie nicht präsenter als die genauer gemalten in den Publikumsreihen am oberen Bildrand? War unter dem sichtbaren Farbauftrag vorher ein anderes Bild, wären die schwarz gezogenen Linien im Ärmel des mittleren Toreros doch ein Gesicht des vorherigen Gemäldes?

Ausstellungen (Auswahl)

Regelmässig an den Gruppenausstellungen der Malschule Max von Mühlenen und der GSMBK; zwischen 1941 und 1974 beteiligt sie sich 28-mal an den jurierten Weihnachtsausstellungen der Kunsthalle Bern.
1958 SAFFA, die schweizerische Ausstellung für Frauenarbeit, Zürich.
1977 *Hommage à Max von Mühlenen* im Thunerhof (Kunstmuseum) Thun.
1982 Gedenkausstellung, zugleich erste Einzelausstellung im Kunstmuseum Bern.

Werke im öffentlichen Raum (Auswahl)

Wandbilder: Kinderkrippe Bümpliz *Hirtenszene* 1955 (wahrscheinlich nicht mehr existent); Schuhhaus Fremo Bern *Der gestiefelte Kater* 1956 (nicht mehr existent); Schulhaus Horbern in Muri bei Bern *Höhlenbewohner* 58; Hauptpost Basel *Elftausend Jungfrauen* 1958–1960; Schulhaus Richigen bei Bern *Schneewittchen* 1962.

Werke in öffentlichen Sammlungen (Auswahl)

Kunstsammlung Basel, Schweiz. Eidgenossenschaft: u.a. *Ausblick* 1958, *Ausblick aus dem Fenster* 1961 und *Fenster* 1962; Bernische Kunstgesellschaft, Stadt und Kanton Bern.

Nachlass bei ArchivArte Bern.

Biografisches

Zusammen mit ihrem Zwillingsbruder wächst Judith Müller bei einer Tante in Bern auf, nachdem sie mit drei Jahren die Eltern durch Typhus verloren haben. Ihr Vater ist der zum Ernst Ludwig Kirchner-Kreis gehörende Maler Albert Müller, dessen Nachlass Judith Müller später verwaltet.
1940 Gewerbeschule Bern.
1941 Malschule Max von Mühlenen Bern.
1947–1948 Ausbildung zur Glasmalerin bei Paul Wüthrich Bern.
1949 wird ihr das Aeschlimann-Stipendium zugesprochen.
1955 Mitglied der GSMBK.
Aufenthalte in Paris und Südfrankreich, Reisen nach Italien und Griechenland.
Die vier Künstlerinnen Judith Müller, Greti Arni, Rena Hubacher und Elsbeth Gysi[1] bleiben seit ihrer gemeinsamen Zeit an Max von Mühlenens Malschule lebenslang befreundet. Gemeinsame Beteiligungen an Gruppenausstellungen sind häufig, z. B. 1955 in der Kunsthalle Bern *Junge Berner Künstler,* wo alle vier vertreten sind.

1 Zu Rena Hubacher, Elsbeth Gysi und Greti Arni siehe: Der Künstlerhaus-Umkreis.

Hans Erich Gordon Jegerlehner

24. November 1906 in Bern – 9. Dezember 1974 in Syens (Waadt)

Atelier im Künstlerhaus von 1944 bis 1956 / 2. Stock Nord

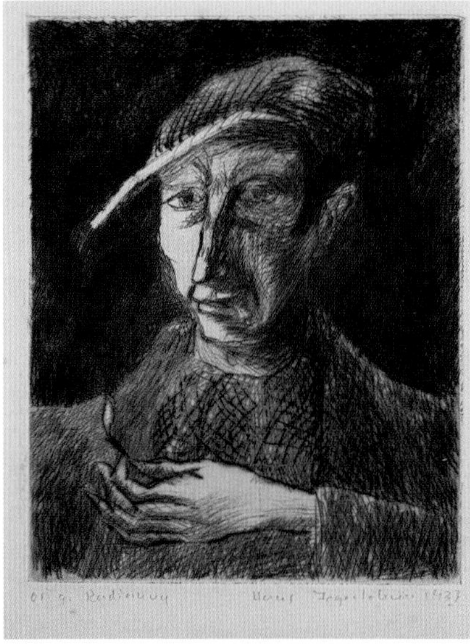

Selbstbildnis 1933, 25 × 18 cm, Radierung.

Wie für viele Künstler:innen ist auch für Hans Jegerlehner das Paris der dreissiger Jahre Sehnsuchtsort, Inspiration und Erfüllung zugleich. Das künstlerische Leben der Stadt in ihrer berauschenden Vielfalt wirkt magnetisch. Seine drei längeren Aufenthalte in dieser Zeit beeinflussen ihn entscheidend.

Er schreibt sich an der privaten Académie André Lhote[2] ein, um bei ihm, dem Maler und Kunsttheoretiker zu studieren. Lhotes Grundsatz der Bildkomposition besteht in der klaren Abgrenzung der Flächen, entweder durch scharfe Konturen, Umrandung oder durch klar voneinander getrennte Farben. Ein Grundsatz, den Jegerlehner übernimmt und in seine Arbeit integriert. In vielen Ölbildern, konsequent in den Holzschnitten und in der Plakatmalerei des späteren Werks, ist dieses Abgrenzen der Flächen zusammen mit farbintensiver, expressiv vereinfachter Formgebung Stilmerkmal.

Der Kriegsausbruch bildet auch für ihn eine harte Zäsur. Er muss das Künstlerleben in Paris mit dem Aktivdienst in der Schweiz tauschen.

In Paris malt Jegerlehner Stadtansichten in Öl, zeichnet und aquarelliert Szenen des Nachtlebens. Während seiner Zeit in Grindelwald widmet er sich

2 André Lhote (1885–1962), franz. Maler, Bildhauer, Kunstlehrer und -theoretiker, gründete 1922 die eigene private Académie Lhote, unterrichtete zudem an der Académie de la Grande Chaumière.

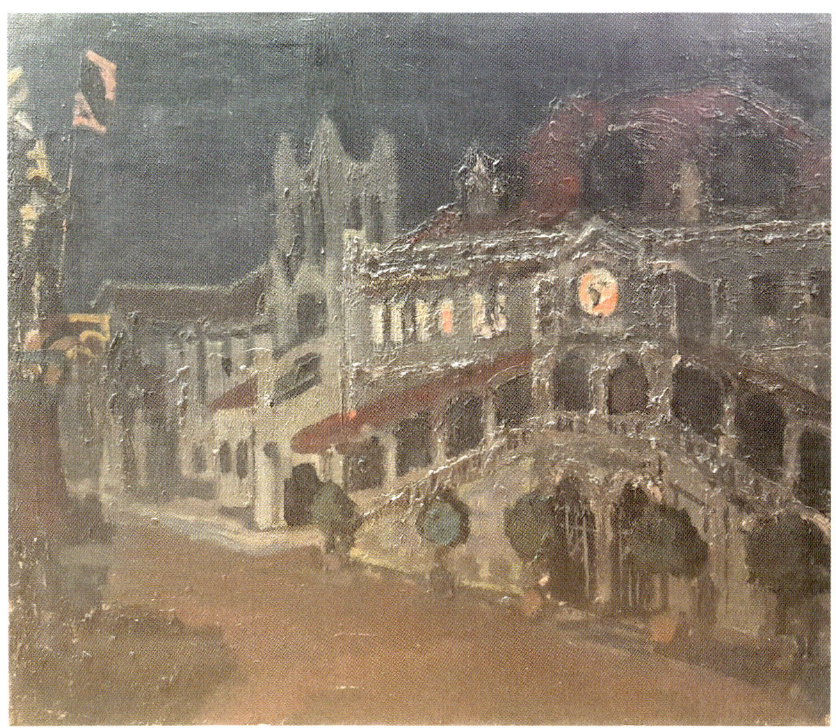

Rathaus Bern, 77 × 92 cm, Öl auf Leinwand.

thematisch der Bergwelt und ihrer Bewohner. Von seinen Reisen sind Zeichnungen und Farbskizzen erhalten. Gouache, Bleistift, Kohle und Tusche sind sein Material für unterwegs.

Ausstellungen (Auswahl)

1935–72 konstante Teilnahme an den jurierten Weihnachts- und thematischen Gruppenausstellungen der Kunsthalle Bern.
Einzelausstellungen in zahlreichen Schweizer Städten.
Wiederholt in Kinshasa (damals Leopoldville), Hauptstadt der Republik Kongo.
Regelmässige Teilnahme an den Ausstellungen der *Société des Artistes Indépendants Paris.*

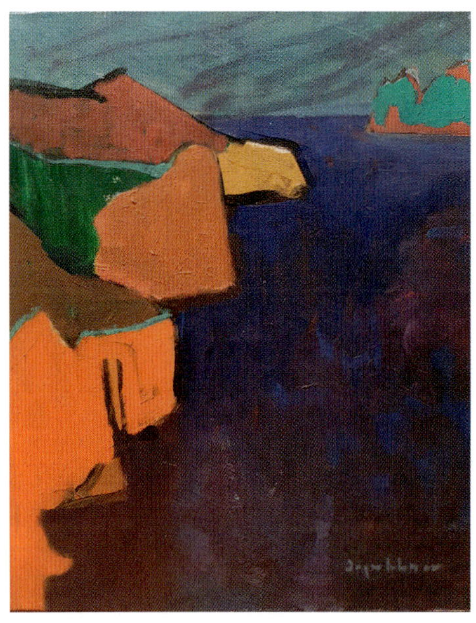

Küste bei Sorrent, o.D. 58 × 48 cm, Öl auf Leinwand.

1997 Retrospektive im Kunsthaus Grenchen.
Ankäufe durch das Kunstmuseum Bern.

Nachlass: Der grösste Teil befindet sich im Kunsthaus Grenchen.

Biografisches

Kunstgewerbeschule Bern.
Studium an der Kunstakademie München.
1928 Aufenthalt in Berlin, dort als Buchillustrator im Verlag Grothe tätig.
In den dreissiger Jahren dreimal längere Studienaufenthalte in Paris.
Wegen des Krieges und der Verpflichtung zum Aktivdienst zurück in die Schweiz, Wohnsitz in Grindelwald bis 1944.
Lebt von 1944 bis 1956 in Bern, später in Bressonaz bei Moudon.
Ausgedehnte und wiederholte Reisen nach Gerace in Kalabrien, auf die Kanarischen Inseln und nach Kongo.
Illustrator beim *Schweizerischen Jugendschriftenwerk SJW*, den Zeitschriften *Illustré, Sunlight Märchen* in Olten und bei deutschen Buchverlagen.
Aufträge von der SBB und Wintersportorten zu Plakatgestaltungen für den Tourismus.
Cellist in einem Berner Orchester.

Walter Schälchli

19. Juli 1907 in Bern – 10. Dezember 1984 in Bern

Atelier im Künstlerhaus von 1945/46 bis 1962 / 3. Stock Süd

„Walter Schälchli wohnt unterm Dache, denn er braucht einen möglichst freien Blick in die Runde." So steht es im eingangs erwähnten Zeitungsartikel aus dem Jahr 1959.

Eigentlich wohnt er an der Junkerngasse, wo seine Frau Ida Schälchli ein Rahmengeschäft hat. Aber die Wohnung bietet nicht Platz zum Malen, er mietet sich an der Postgasse im Künstlerhaus ein. Es ist das Jahr 1945, vielleicht auch 1946, Schälchli ist achtunddreissig und erst gerade aus dem Aktivdienst entlassen. Er geht nicht mehr zurück in eine seiner vielen beruflichen Tätigkeiten – Kohlenlieferant, Knecht, Messerschmied, Sigrist, Büroangestell-

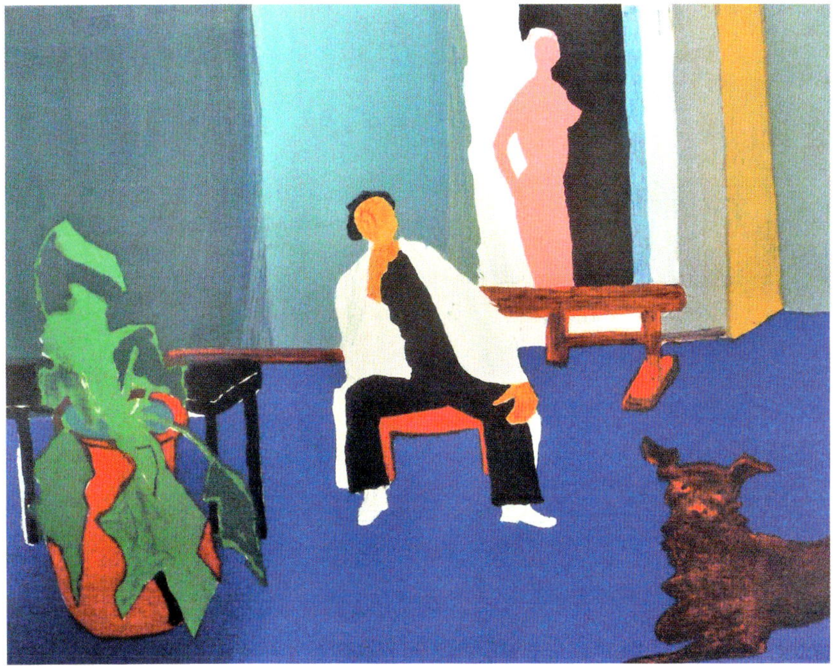

Intérieur, Farblithografie 1970.

ter – er wendet er sich der Malerei zu. Sieben Jahre bildet er sich bei Max von Mühlenen aus, später besucht er Kurse an der Académie Julian in Paris und reist viel und weit. Seine Lebenszeit scheint wie geteilt in zwei gleichlange Hälften. In diejenige der ärmlichen, bedrückenden Verhältnisse seiner Jugend, ohne spezifische Ausbildung, ohne Berufsrichtung im jungen Erwachsenenalter und dann in diejenige der Malerei, der Zeichnung und Grafik, ab 1976 auch des Schreibens.

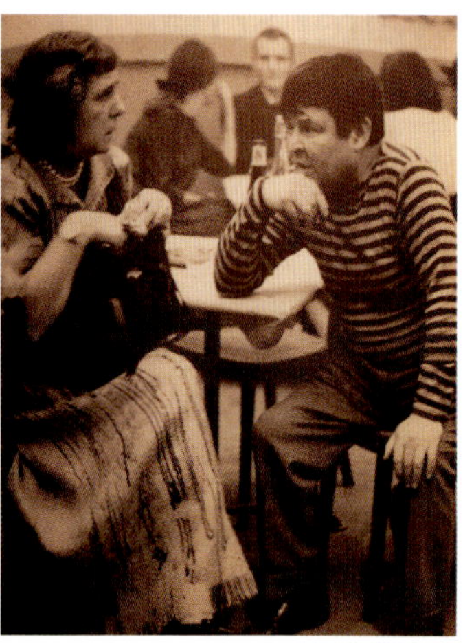

Walter Schälchli mit seiner Ehefrau Ida.

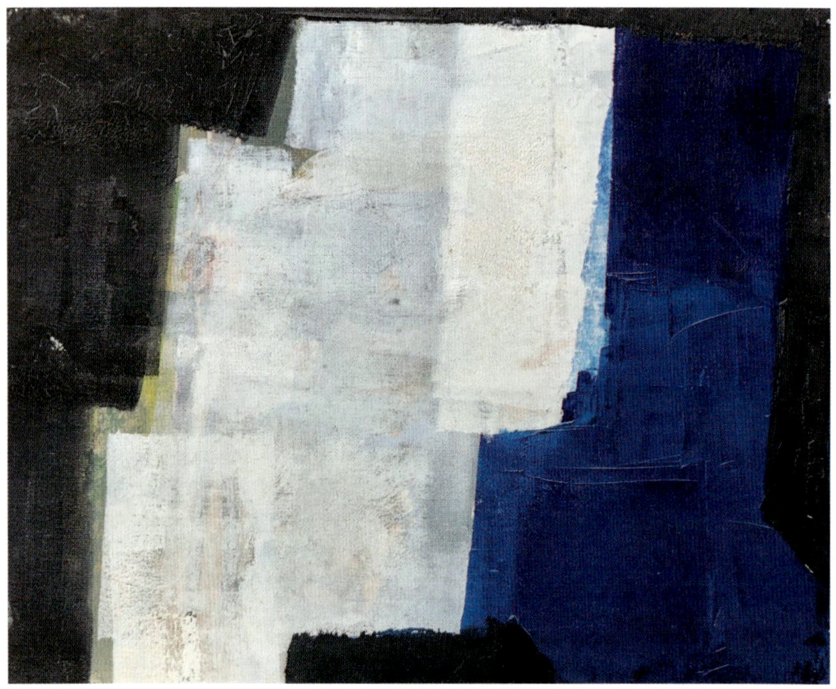

Abstrakte Komposition, *Bild 9*, Öl auf Platte, 1966.

Ausstellungen (Auswahl)

Einzel- und Gruppenausstellungen vor allem in der Galerie Werner Schindler in Bern, die ihn mehrmals an der Art Basel zeigt.
Kunsthalle Bern: 1946–1971 (mit einer Ausnahme) an den Weihnachtsausstellungen, 1968 an der Gruppenausstellung 20 Jahre Kunstpflege der Stadt Bern, zusammen mit sieben weiteren Künstler:innen aus dem Künstlerhaus.
Galerien in Bern, Grenchen, Zürich, St. Gallen, Genf, Lübeck.

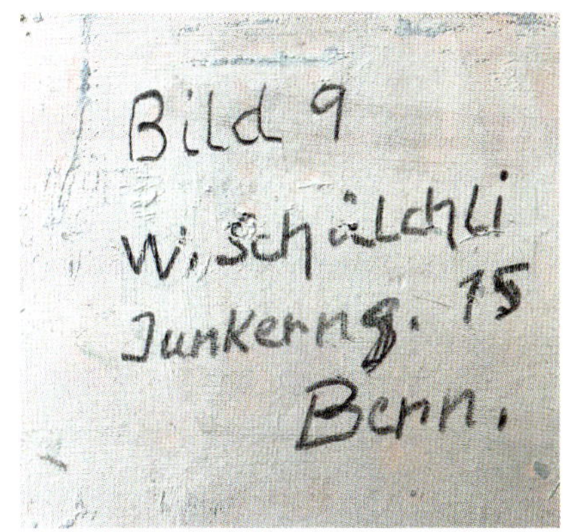

Signatur auf der Rückseite von Abstrakte Komposition, Bild 9.

Werke in Sammlungen:

Kunstmuseen Bern und Thun.
Ankäufe durch die Schweiz. Eidgenossenschaft, die Stadt und den Kanton Bern.

Nachlass: Ein Teil befindet sich bei ArchivArte.

Biografisches

Schulen in Bern und Lausanne. Tätig in verschiedenen Berufen.
Einzug in den Aktivdienst im Zweiten Weltkrieg.
1945–1952 Besuch der Malschule Max von Mühlenen in Bern.
1955 Mitglied der GSMBK.
1960 Aeschlimann-Stipendium.
1960 Paris, Kurse an der Académie Julian (Nachfolgeinstitut).
Studienreisen nach Mallorca, Spanien, Marokko, Algerien, Frankreich, Italien, Jugoslawien, Deutschland und Holland.

Egbert Moehsnang

9. Dezember 1927 in Amberg (Deutschland) – 26. November 2017 in Schüpfen bei Bern

Atelier im Künstlerhaus von 1952 bis 1970 / 2. Stock Süd, 3. Stock Süd

Moehsnang wohnt und arbeitet achtzehn Jahre im Künstlerhaus. Der Raum im 2. Stock ist noch mit einer Zwischenwand unterteilt, die er später aber entfernt. 68 bis 70 bezieht er zusätzlich den Raum im 3. Stock als Wohnung, übernimmt also den Atelierraum von Meret Oppenheim. Er überstreicht die von ihr angebrachte rosa und grüne Wandfarbe mit Weiss. In der Küche stellt er eine freistehende Badewanne mit goldenen Füssen auf und montiert den ersten Warmwasseranschluss im Haus.

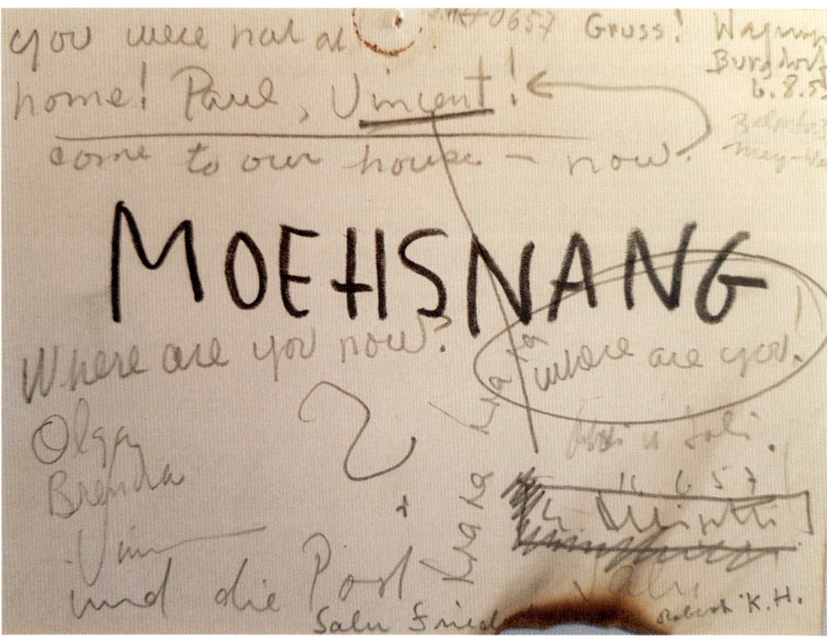

Türschild zu seiner Atelierwohnung im 2.Stock.

Zum Werk

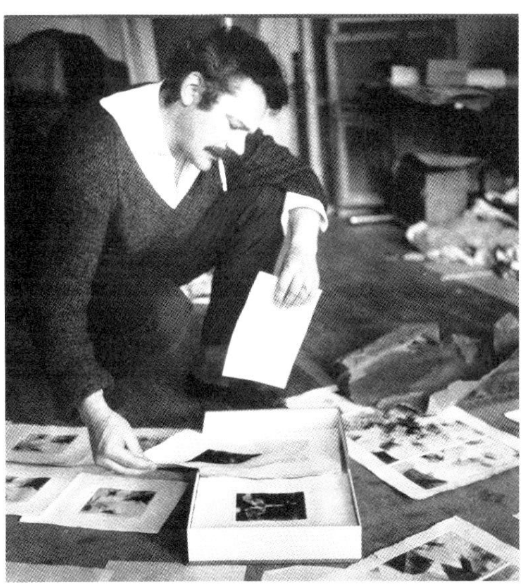

Moehsnang bei der Auswertung von Kupferdrucken.

Während seiner annähernd zwanzig Jahre im Künstlerhaus arbeitet sich Moehsnang durch die Werke ihm naher Künstler, im Besonderen Henri Matisse und Paul Klee, studiert – auch durch das Anfertigen von Kopien – die Kunst der Gotik und Renaissance, deren Techniken und Umgang mit Formgebung und Flächen. Er findet in der Zeit des Postgasse-Ateliers vom Figürlichen über den durch von Mühlenen beeinflussten Konstruktivismus zur Abstraktion, druckgrafisch über den Linolschnitt zum Kupferstich.

Seine Themen stehen dominant im Zusammenhang mit seinen im Krieg gemachten Erfahrungen. Krieg als Vernichter des Lebens, sieht er parallel im Leiden Christi und in der griechischen Mythologie.

Auf den Leinwänden arbeitet er mit Pinsel und Spachtel in Öl und Gouache, ab 1966 setzt er zusätzlich Blattgold ein. Aus Pigmenten und zerriebenen Steinen rührt er seine Farben selbst an.

Werkgruppen, die im Künstlerhaus entstehen

Druckgrafiken mit Serienwerken: Die kleinformatigen Bierdeckel (*Meine Bierdeckel*, 13 Aquatinta Blätter in Kassette) und Spielkarten in diversen Sets (*Patience* mit 54 Kupferstichen, *Jass* mit 36 Kupferstichen, *Bridge* mit 52 Kupferstichen), obwohl er selbst zeitlebens nie Karten spielte.

nächste Seite – Bleistiftskizze Postgassbrunnen, 21 × 29 cm.

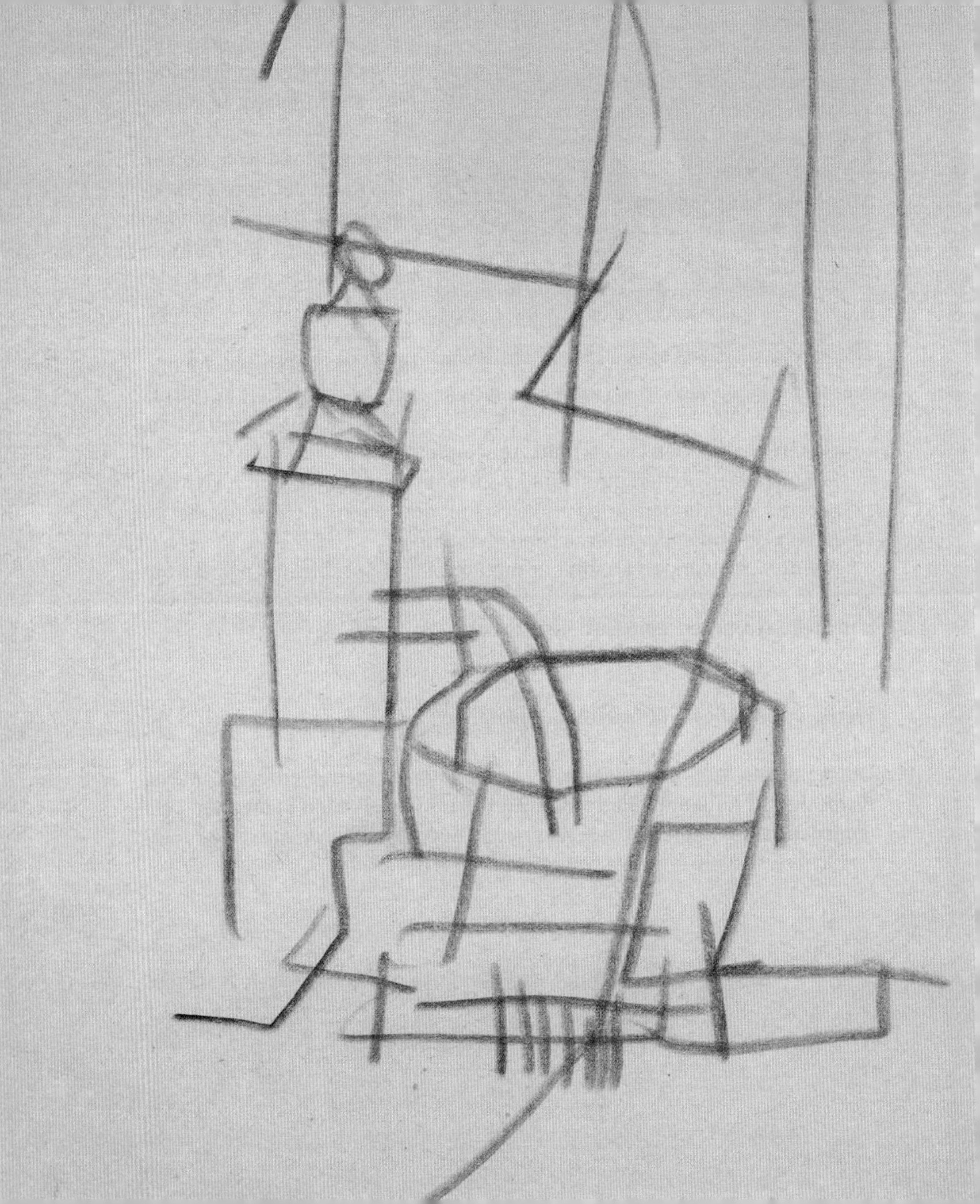

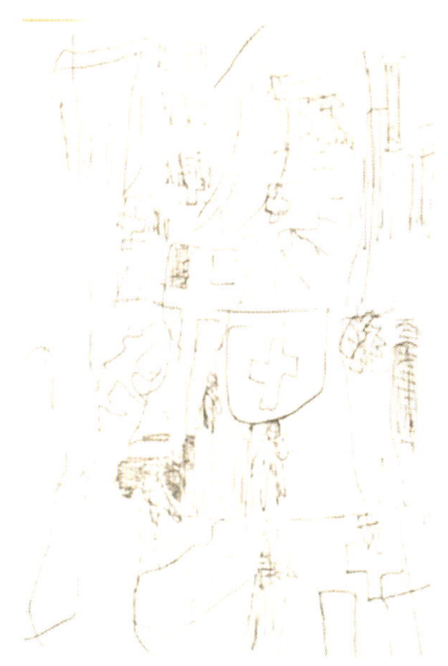

Skizze 1. August-Schmückung der Postgasse, Tusche, 18 × 13 cm.

Die umfangreichen Mappenwerke: *Die kleine Kupferstichpassion* mit 14 Kupferstichen zum Leidensweg Christi, 1963, *Angelus Silesius* mit 6 Kupferstichen und Textblättern zum barocken Lyriker und Theologen Silesius und dessen Sinnsprüchen, 1964, *Schlachtenmappe* mit 10 Kupferstichen und 10 Textblättern zu historischen Themen und Personen aus den Jahren 1350 bis 1450, von 1967, alle mit ins Dutzend gehenden Zustandsdrucken der einzelnen Blätter.

Zeichnungen und Skizzen, auch da vielfach in langen Prozessen entwickelte und variierte Serien in Bleistift, Tusche oder Filzstift, in Zeichnungsheften und -büchern, auf Einzelblättern.

Gemälde vom ungefähren A4-Format bis zu mehrteiligen, Raumlängen füllenden Leinwänden, Wandbildern. Ölbilder und Assemblagen, die durch das Zumischen von Erde, Sand, Kiesel, aber auch durchs Anbringen von flächigem Blattgold auf die Leinwände ins Dreidimensionale gehen.

Skulpturale Werke mehrheitlich für Kirchenräume, Glasarbeiten, Gipsreliefs und grosse Eisenplastiken. Schaffen deckt weitgehend alle Techniken und Formate ab. Dazu kommen 73 Teppicharbeiten beziehungsweise Ausführungsentwürfe, die meist durch die Weberin Barbara Waldmann Hebeisen umgesetzt wurden.

1953 lernt Moehsnang Vincent O. Carter kennen, den 1924 im amerikanischen Kansas City geborenen Schriftsteller und späteren Zeichner, der nach kurzen Aufenthalten in Paris, Amsterdam und München nach Bern kommt und von 53 an dort lebt. Biografische Parallelen, wie der durch die Kriegspolitik erlittene, die Jugendzeit beendende Schnitt, der Einzug in die Armee

nächste Seite – Werkgruppe Ölbilder.

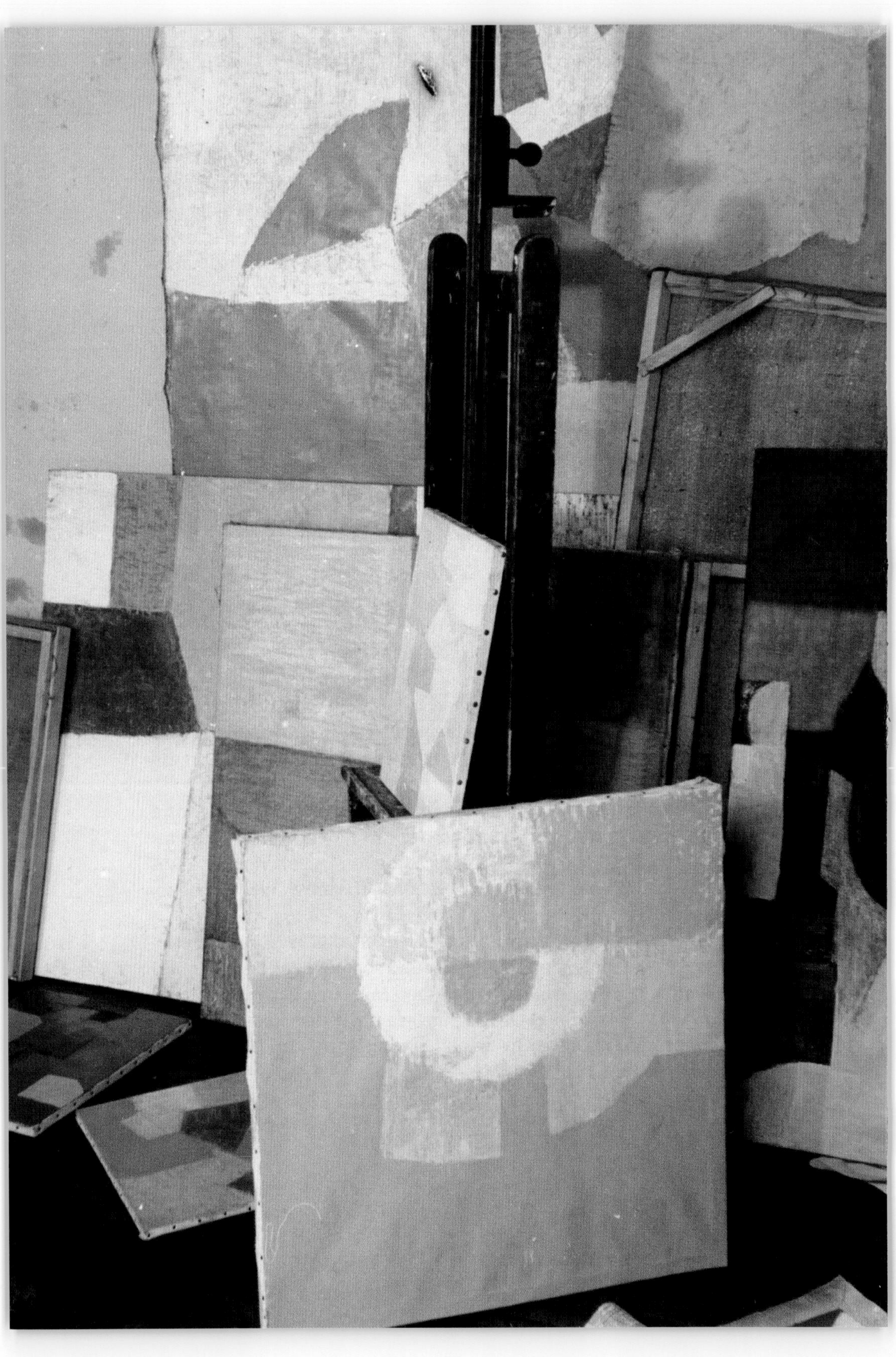

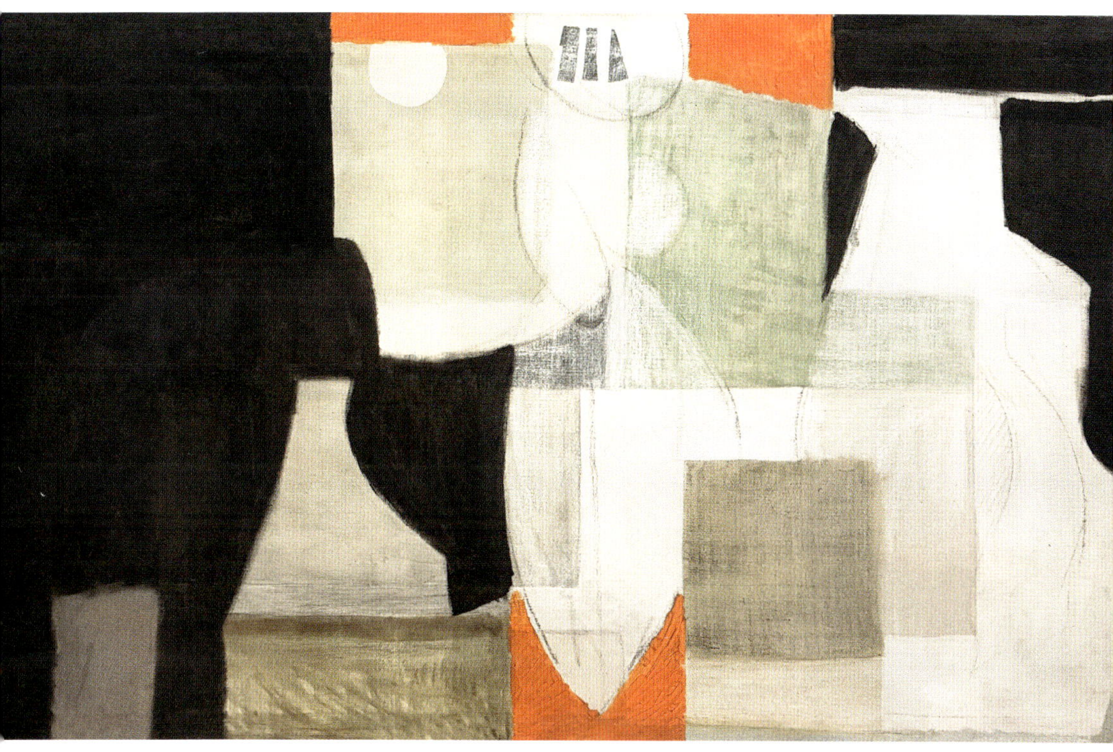

Ohne Titel, Öl auf Leinwand, 75 x 125 cm, 1955.

als noch Minderjährige, die Kriegseinsätze, Emigration und der Entschluss, Künstler beziehungsweise Schriftsteller zu werden, verbinden sie und begründen ihre Freundschaft.

In einem Portraitfilm von Urs Kohler, Heidi Ueltschi und Susanna Brändli aus dem Jahr 2011 erzählte Egbert Moehsnang, wie sehr ihn Arnold Rüdlinger, Direktor der Kunsthalle Bern von 1946–1955, beeinflusst hatte:

Der Rüdlinger war natürlich eine ausserordentlich wichtige Figur. Er machte eine ganze Anzahl damals aktueller Ausstellungen, Matisse, Braque, das erinnere ich, Léger war eine grosse Ausstellung, Delaunay. Er brachte etwas nach Bern, das die Leute noch nicht kannten. An dieser Kunsthalle hing ein ganzer Klüngel junger Künstler. Ich gehörte auch dazu. Das wirkte befruchtend. Wir waren alle in einer Aufbruchstimmung, wir trafen uns fast jeden Abend und hockten in der immer gleichen Beiz herum und verbesserten die Welt, die Kunst und alles, haben viel geredet. Geblieben davon ist nicht viel, aber das als eigentlicher Ausgangspunkt für meine Arbeit, weil vorher ist ja da nicht viel passiert, da habe ich einfach nichts gekannt. Bern und Rüdlinger, die brachten es dazu, dass ich eine Vorstellung davon bekam, was ist Malerei eigentlich und in Folge davon: was möchte ich, dass meine Malerei wäre.

Kunst im öffentlichen Raum Berns (Auswahl)

Rundbogenmalerei, Skulptur und Kohlezeichnungen in der Friedenskirche Bern.
Glasfenster, Abendmahltisch und Flügeltür zum Chor in der Französische Kirche Bern.
Wandbild im ehemaligen Schalterraum der Kantonalbank Bern, heute Numisantique GmbH, an der Gerechtigkeitsgasse 80.
Triptychon in der Kirche Schüpfen; Glasätzung an den Fenstern der Aufbahrungshalle Schüpfen.

Ausstellungen (Auswahl)

Galerie 33, Bern, 1956.
Kunsthalle Bern 1954, 56, 57, 60, 61 78, 87, 91.
Galerie Kornfeld, Bern 1963, 91, 95, 2003, 07.
Galerie Schindler, Bern 1964, 66, 67, 71, 74.
Grafikbiennale Ljubljana 1963.
Kunstmuseum Bern 1987, 2007 (seither in der Sammlung).
Kunsthaus Grenchen 1990.
Nationales Spielkartenmuseum, Turnhout, Belgien 2001, 07.
Musée Français de la Carte à Jouer Issy-les-Moulineaux, Paris.
Galerie SOON Bern, 2017.

2022 Künstlerhaus Postgasse: *In die Abstraktion* vereint an diesem Ort entstandene Werke. Mittels Zeichnungen und Skizzen, aber auch Gemälden, zum grossen Teil noch nie ausgestellte Arbeiten, werden Zeit und Ort fokussiert und Moehsnangs früh eingeschlagener Weg in die Abstraktion aufgezeigt (Kuratiert von Nurja G. Ritter).

Nachlass: wnuber@bluewin.ch / www.moehsnang.ch

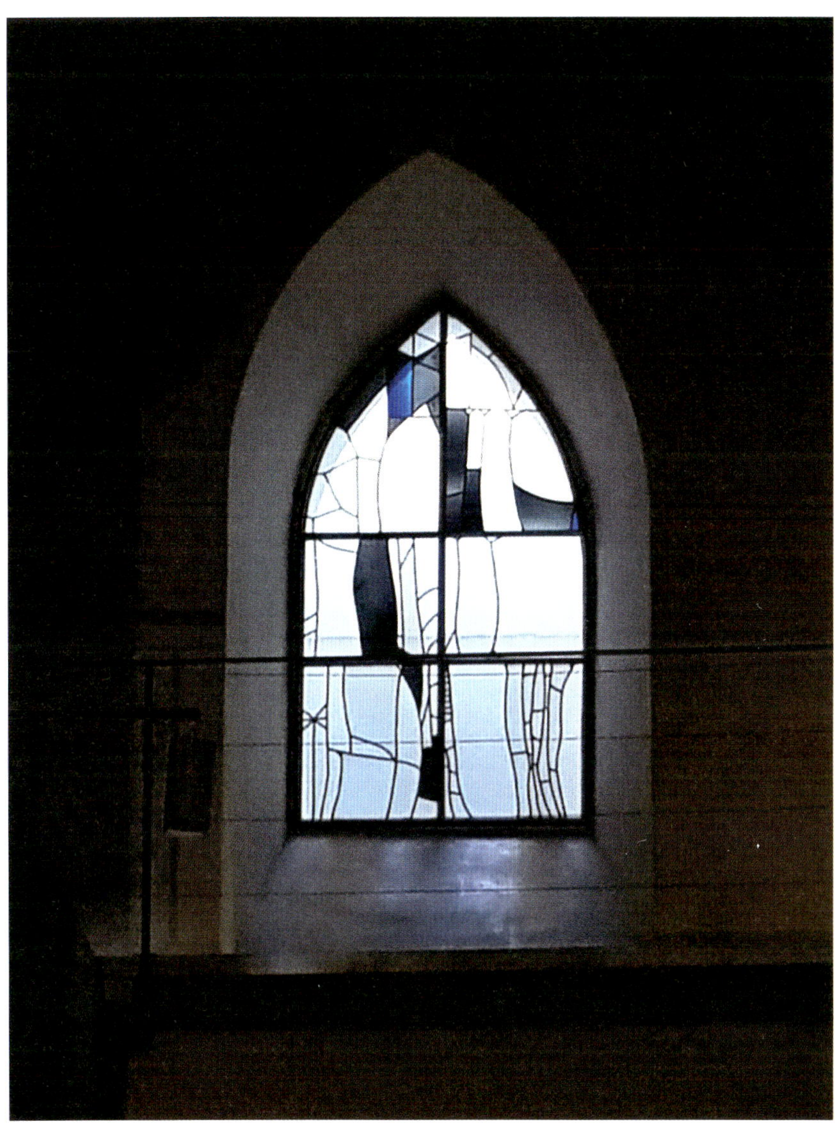

Kirchenfenster in der Französischen Kirche Bern.

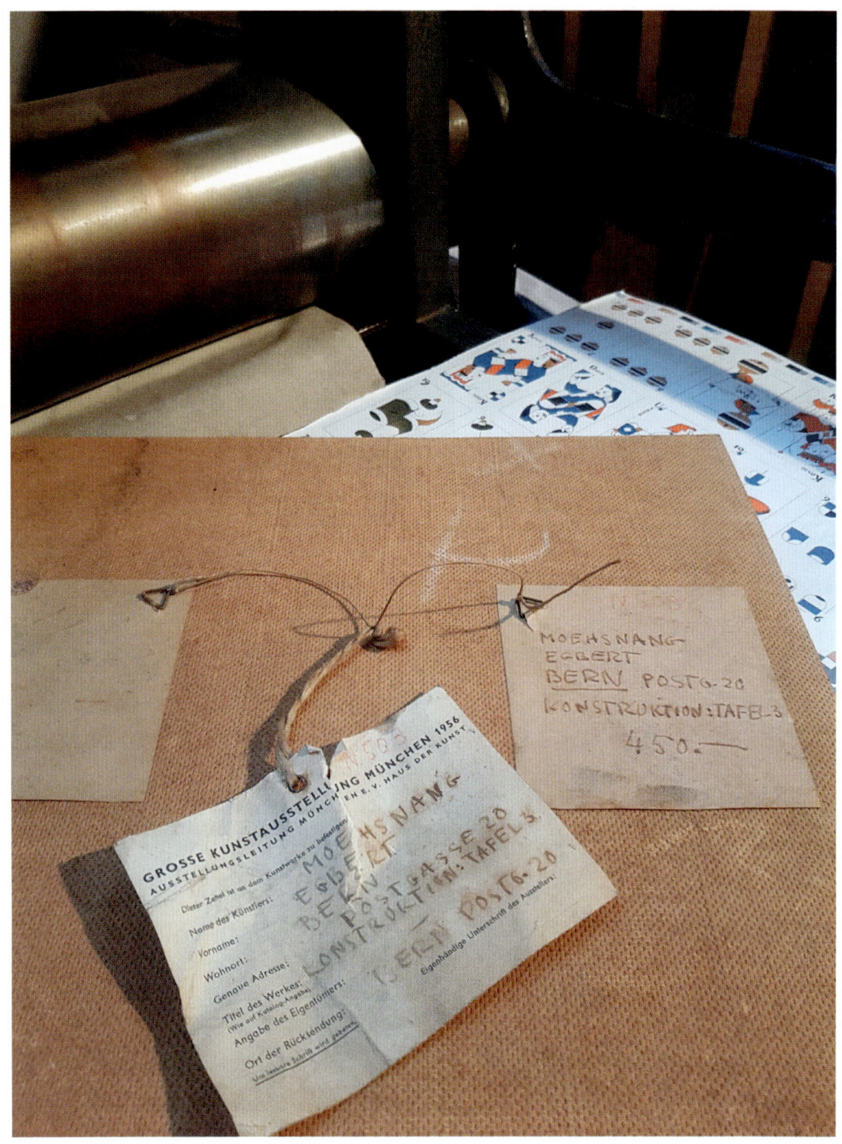

Bildertransport an die Grosse Kunstausstellung in München 1956.

Schulen in Straubing und München. 15-jährig wird er in den Kriegsdienst eingezogen, vorerst bei der Sanität, dann bei der Fliegerabwehr, kommt in Kriegsgefangenschaft. Nach Kriegsende findet er seine einzig mögliche Zuflucht in der Kunst. Das Kunststudium an der Münchner Akademie gibt er nach kurzer Zeit auf. Als 23-Jähriger kommt er in die Schweiz, eher zufällig nach Bern.

Er besucht einige wenige Unterrichtsstunden bei Max von Mühlenen, wählt aber auch da wieder den autodidaktischen Weg. Er findet mit Auftrags-, meist Portraitmalerei und verschiedenen Zusatzverdiensten – wie die Mitarbeit am Ausbau des Kellers an der Kramgasse 6 zum Theater an der Kramgasse (heute ONO – Das Kulturlokal) ein Auskommen, wohnt und arbeitet im Künstlerhaus. Bald schon die Freundschaft mit Arnold Rüdlinger und Kontakte zur Berner Kunstszene.

Bereits 1955 beteiligt er sich an der Gruppenausstellung *Junge Berner Künstler* in der Kunsthalle.

1957 wird ihm das Aeschlimann-Stipendium zugesprochen.

Studienreisen: Wiederholt und hauptsächlich nach Italien, massgebend Florenz, mehrfach auch Griechenland. Moehsnang befasst sich mit den italienischen und niederländischen Meistern der Frührenaissance, studiert deren Techniken. Daraus wächst sein Entschluss, den kaum mehr praktizierten Kupfertiefdruck aufzunehmen.

Belastet durch die Kriegserlebnisse, lebt Moehsnang in seiner eigenen inneren Welt, zurückhaltend auch gegenüber der Kunstszene, ohne sich aber abzuschotten.

Nach seinem Wegzug aus dem Künstlerhaus 1970 bezieht er ein Bauernhaus in Schüpfen bei Bern, wo er dessen grossen Dachstock zum Atelier ausbaut.

Walter Vögeli

18. August 1929 in Winterthur – 29. Januar 2009 in Bern

Von 1954 bis 2009 im Künstlerhaus, anfänglich 1. Stock Süd, wechselnd zusätzliche Atelier- und Wohnräume

Pips, wie er allgemein genannt wird, zieht in den vormals von Nussbaum, dem Holzbildhauer, benützten Raum im 1. Stock Süd ein, zusammen mit seiner ersten Frau Eva Simmen (verheiratet 1954–1957). Bedingt durch die Arbeit mit verschiedenen Materialien, übernimmt er 61 den zur Gasse gehenden Parterreraum und den Keller, später zusätzliche Atelierräume im Haus wie auch extern. Marianne Vögeli-Gruber zieht 59 ein. 60 und 64 werden die beiden Töchter geboren. Es ist die einzige Familie im Künstlerhaus, sind die einzigen Kinder, die hier aufwachsen. Bedingt durch ihren Platzbedarf und Vögelis expansive Arbeitsweise, übernehmen sie zwischenzeitlich alle Räume im Haus. Seine Werke, vor allem Polyestergüsse, sind im Treppenhaus und in den Fluren präsent, zusammen mit Plakaten von Gruppenausstellungen und Fotos mit Freunden.

Vögelis frühe Malerei ist stilistisch dem Tachismus zuzuordnen, geprägt durch seinen Aufenthalt in Paris. Ab 55 wendet er sich von der Malerei ab und der Eisenplastik zu, inszeniert Gefundenes zu Objets trouvés, Plastiken in Holz und Mixed Media entstehen. Ab 63 erforscht er Kunststoffe und findet zu seinen Polymodulen.

Nach Jahren des Experimentierens mit Polyester und diversen Materialzwischenstufen, findet Vögeli zum Polymodul-Bausystem. Seine Intension ist nicht, einen neuen Werkstoff zu finden, sondern den Originalcharakter des Kunstwerks, überhaupt die Definition des Kunstwerks auszuhebeln. Sein Bausystem verfügt über quadratische und rechteckige, homogen in allen Farbtönen einfärbbare Einzelteile mit konkav/konvex geformten Oberflächen, die sich durch genormte Grössen- und Teilungsverhältnisse in unendlichen Varianten kombinieren lassen. Das Polymodul-Bausystem ist Definition und Konzept. Die in diesem Verfahren gebauten Stelen, Reliefs und Plastiken sind strenggenommen nicht Kunstwerke, sondern Modelle dieses Bausystems.

Im Katalog zur Ausstellung bianchi-neri 1986 schreibt der Kunsthistoriker Peter F. Althaus:

Wenn Mobilität als eines der zentralen Themen unserer Zeit betrachtet werden kann, lässt sich die Zeit- und Weltverbundenheit des Plastikers Walter Vögeli damit charakterisieren: Bewegtheit und Beweglichkeit, gepaart mit vielseitigen Interessen, Intensität, Engagement und Spielfreude. Sein Wesen und entsprechend sein künstlerischer Ausdruck leben von einer unmittelbaren, zugreifenden Auseinandersetzung mit seiner Umwelt und von einer ganzheitlichen Auseinandersetzung sowohl mit der Materie wie mit deren Erscheinung, mit Ideen, Erfahrungen und Informationen. Um es deutlich zu machen: sein Gegentyp wäre der im Elfenbeinturm, aber auch der vorwiegend nach Innen gerichtete oder analysierende Künstler.

Vögeli will was an ihn herantritt buchstäblich be-greifen, erkennen, mit ihm umgehen können und diesen Umgang perfektionieren durch Experimente, durch Versuch und Irrtum sowohl im materiellen wie im ideellen Sinne. Das Ziel dieses Infrage – und auf Probestellens könnte sein, das jeweilige 'Motiv' so zu beherrschen, dass es sich nach des Künstlers eigener Sensibilität ordnen und nach seiner eigenen Ästhetik arrangieren lässt. Es fällt mir (ausser Elfenbein) kaum eine Kategorie natürlicher und synthetischer Materialien ein, mit denen er nicht seine Spiele getrieben hat, d.h., die er nicht auf ihre Hand-

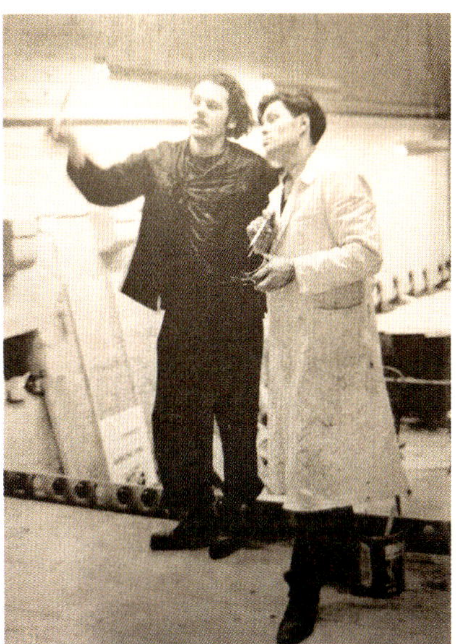

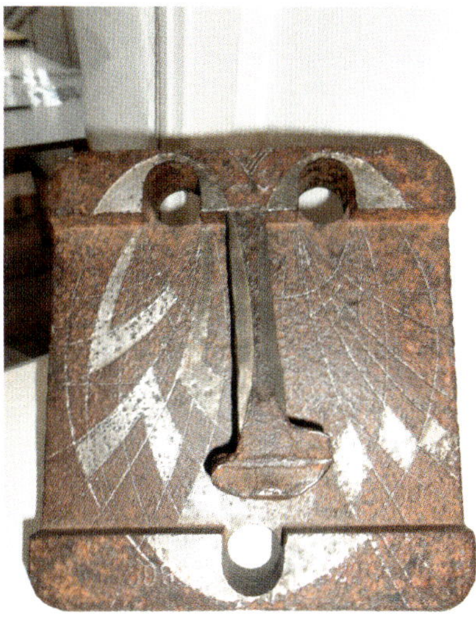

links – E. Moehsnang (l.) und W. Vögeli bei Renovationsarbeiten im Kellertheater an der Kramgasse 6.
rechts – Objet trouvé, Eisen.

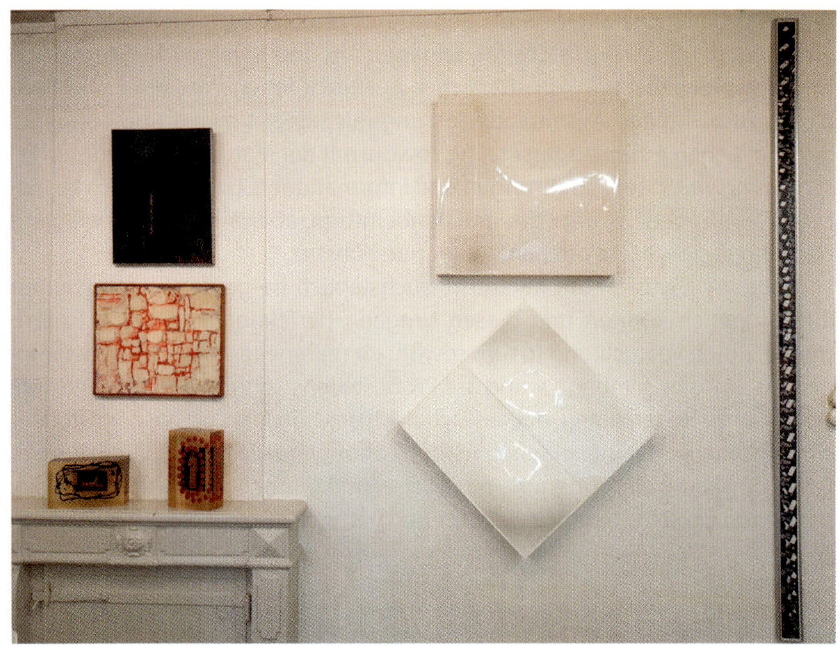

Zwei frühe Gemälde, zwei Güsse, zwei Polyesterobjekte, Wandobjekt *Schnitte durch gefüllte Räume.*

habungs- und Ausdrucksmöglichkeiten hin erforscht, für die er nicht eigene Bedeutungen und handwerkliche Anwendungen, eben seine Spielregeln entwickelt hätte. Auseinandersetzen, das beinhaltet vielleicht: den Anderen, das Andere erst zu akzeptieren, ernst zu nehmen, sich damit sogar zu identifizieren, um sich dann wieder zu lösen, Distanz zu gewinnen, die eigene Stellung zu erkennen und zu reflektieren.[1]

Eine Sammlernatur war er, suchte und hortete was sich finden und heimtragen liess, füllte seine Ateliers mit Vogel- und anderen Skeletten, mit Hölzern, Eisen, Maschinen-, Auto-, Metallteilen, alles, wie auch sein Werkzeug, penibel genau geordnet. Vieles davon fand Verwendung in seinen Objets

1 Peter F. Althaus, bianchi-neri, Katalog zur gleichnamigen Ausstellung, Edition bianchi-neri, Bern 1986.

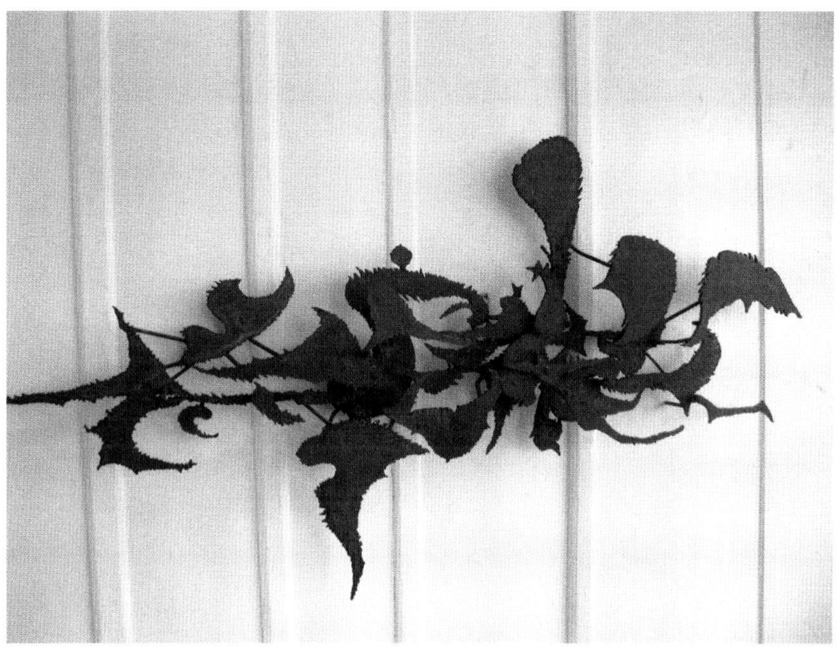

Wandplastik, Eisen.

trouvés, so dass einem ein ehemaliger Senklochdeckel oder ein altes Türschloss als gutmütiger Löwe oder grinsendes Gesicht begegnet.[2]

Nach Vögelis Tod hat seine Frau die Werke im nordseitigen ersten Stock zusammengestellt, wo sie nun dicht bei dicht stehen, die Polyestergüsse in satten Farben, die von Wüstenlandschaften inspirierten Sandgüsse, die in ihrer Grösse zimmertauglichen Eisenplastiken, Holzskulpturen, Reliefs. Von hier gehen sie manchmal auf Reisen, kann sein in den Ausstellungsraum im Parterre an eine der hauseigenen Ausstellungen, in eine Galerie oder zu einem Käufer, einer Käuferin. Wie die eine Werkgruppe *Schnitte durch gefüllte Räume* heisst, so könnte diese Raumassemblage *Schnitte durch gefüllte Zeit* heissen.

2 Iris Gerber Ritter, Künstlerhaus Postgasse 20, BrunneZytig, März 2010, S.22.

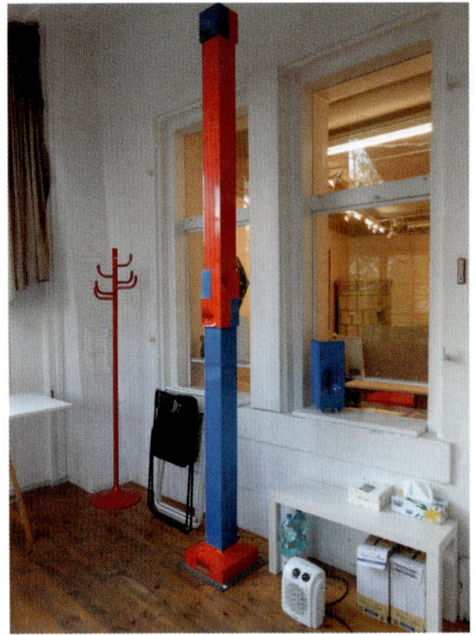

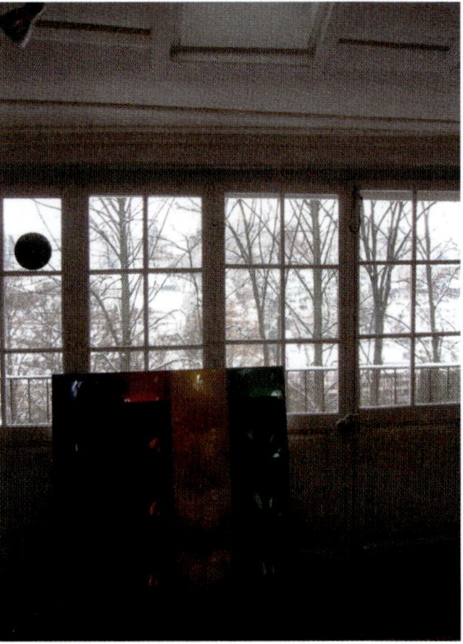

links – Polyester Säule und Objekt in der Veranda.
rechts – Polymodul in der Veranda, angekauft durch die Berufsfachschule, Postgasse 66, Bern.

Werke im öffentlichen Raum Berns

Magisches Tor, Freiestr. 3, Bern, 1987–1992, in Zusammenarbeit mit dem Chemiker Urs von Arx.[3]
Wandrelief Schulhaus Schwabgut, Polyester, Bern-Bethlehem, 1967–1969.
Wandrelief in der Berufsfachschule des Detailhandels, Polyester, Postgasse 66, Bern.
Trojanisches Pferd: begehbare Skulptur aus Schwemmholz, Lutertal-Schulhaus Bolligen, in Zusammenarbeit mit Urs Suter.

Nachlass bei Marianne Vögeli.

3 Die Zusammenarbeit Vögeli/von Arx galt in erster Linie der Forschung und Entwicklung des für das Magische Tor benötigten Baustoffes, der Kunststoffmischung aus Epoxidharz und Aluminiumhydroxid. Von Arx, *1950, doktorierte an der Universität Bern und war Dozent an der FH Biel.

1949–1951 Kunstgewerbeschulen Zürich und Luzern. 1952, nach einem einjährigen Aufenthalt in Paris, Übersiedlung nach Bern, wo er sich definitiv niederlässt, 1954 an die Postgasse 20 zieht und als Protagonist der Berner Szene zusammen mit Rolf Iseli, Peter Meier und Dieter Roth zu den Gründern der Galerie 33 bei Werner Schindler an der Gerechtigkeitsgasse 33 gehört. 1957, 58 und 59 erhält Vögeli das Eidgenössische Kunststipendium, 1961 den Kunstpreis der Kiefer-Hablitzel-Stiftung. Im Rahmen des Projekts *Weg der Schweiz* für die Landesausstellung von 1964 in Lausanne macht er erste Erfahrungen mit Kunststoff-Abgussverfahren und arbeitet bald ausschliesslich mit synthetischen Materialien. Ab den 50er-Jahren Beteiligung an Ausstellungen der Kunsthalle, während der 60er und 70er Jahre diverse Einzel- und Gruppenausstellungen wie *22 junge Schweizer Künstler* im Stedelijk Museum Amsterdam 1969, Teilnahme an der *Biennale di Venezia* 1970. Wettbewerbsgewinne und Aufträge für Wandplastiken aus Eisen oder Kunststoff an öffentlichen und privaten Bauten.

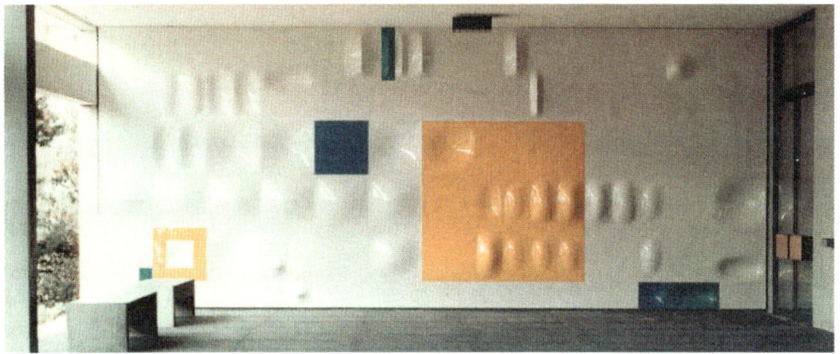

Wandrelief Schulhaus Schwabgut, Bern, 300 x 800 x 14 cm.

H.A. Gottfried Lüscher

26. August 1881 in Bern – 6. September 1975 in Bern

Atelier im Künstlerhaus von 1956 bis 1970 / 2. Stock Nord
Er arbeitet hier von seinem 75. Lebensjahr an und verlässt das Haus im Alter von 89 Jahren.

Von den 18 Künstler:innen, die im Künstlerhaus ihre Ateliers hatten, ist er der Jahrgangs-Älteste, der einzige mit Geburtsjahr noch im vorletzten Jahrhundert. Er bezieht als bereits älterer Mann ein Atelier hier, bleibt für fast 15 Jahre im Haus. Sein Türnachbar ist Egbert Moehsnang. Beide ziehen, unabhängig voneinander, 1970 aus.

Die Kunsthalle Bern wird 1918 eröffnet, Lüscher ist mit seinen Werken an der Eröffnungsausstellung vertreten. Er ist hauptsächlich als Maler, aber auch als Lithograph tätig, seine Themen sind Landschaften, Stillleben und, vor allem im Steindruck, Stadtmotive. Er ist Mitglied der Vereinigung Schweizer

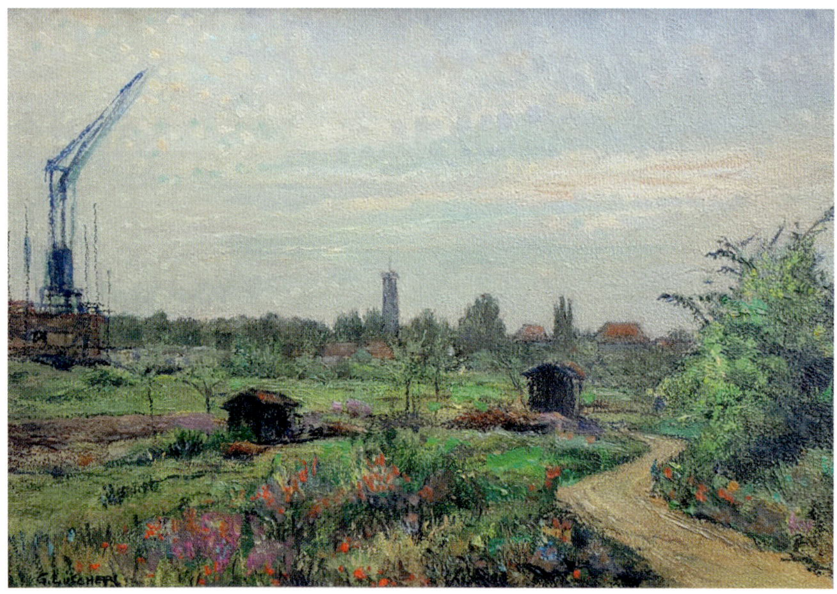

Murifeld, Gemälde in Öl.

graphischer Künstler *Die Walze* und der Gesellschaft Schweizerischer Maler, Bildhauer und Architekten GSMBA.

In den väterlichen Lederwarengeschäften an der Spycher- und Zeughausgasse stellt sich Lüscher zeitweise ins Schaufenster und lässt sich von Passanten beim Malen beobachten. Damit begründet er die später von ihm zur Reihe ausgebauten *Stadtberner Schaufensterausstellungen* in der Innenstadt. Erstaunlich, wie modern seine Idee von 1908 heutzutage wirkt, im Schaufenster eines Geschäfts zu stehen und öffentlich zu malen. Er bietet eine Mal-Performance nahe bei einem wohl eher kunstfernen Publikum und an einem eben solchen Ort. Kunst versus Kommerz, das Schaufenster als Pop-up Atelier, so würden Aktionen dieser Art aktuell bezeichnet.

Lüschers Atelier an der Nordseite des Hauses ist kalt. Da scheint den ganzen Winter hindurch kein einziger Sonnenstrahl hin. Die Kälte drückt an die Fassade, durch Ritzen. Die Fenster sind zwar doppelt, saisonale Vorfenster und eine Simsbreite entfernt die eigentlichen für rund ums Jahr, aber die Scheiben sind bei beiden dünn und die Holzrahmen nicht präzise in Nut und Fuge. Auch durch die über die ganze Raumlänge eingebauten tiefen Wandschränke dringt durch breite Spalten im Holz ihrer Innenverkleidung die Kälte der Hauswände. Schon Elsa Stauffer schrieb in ihrer Selbstbiografie von der Kälte in ihrem nordseitigen Atelier, der sie in späteren Jahren jeweils auswich, indem sie zum Überwintern ins Künstlerhaus nach Boswil zog. Lüscher hat sich anders beholfen. Er zerschnitt seinen alten Militärmantel in Streifen und stopfte damit Ritzen und Spalten an Fenstern, Wänden und in Schränken aus.

Ausstellungen (Auswahl)

1911 Ausstellung Bernischer Künstler, Kunstmuseum Bern.
1916 Einzelausstellung im Kunstmuseum Bern.
1918 Ausstellung in der Kunsthalle Bern zur deren Eröffnung, in der Folge wiederholt an den jurierten Weihnachtsausstellungen und Gruppenausstellungen.
1918 Kunstmuseum Winterthur.

Nachlass unbekannt.

Biografisches

1890 erster Zeichenunterricht beim Xylographen[1] Théophile Meister an der Zeughausgasse in Bern. Atelierbesuche bei Albert Anker in Ins.
1901–1903 Kunstgewerbeschule Bern.
1904–1905 Académie Julian[2] in Paris.
1905–1907 Studien in München.
Eine von Lüscher erstellte Liste erfasst seine Mal- und Studienaufenthalte der Jahre 1905 bis 1967. Im Ausland sind 1905, 1906 und 1907 je München, Rom 1933 und Berlin 1964 erwähnt, die andern 29 Aufenthaltsorte sind in der Schweiz, durchwegs im Berner Oberland und in den Bergen.

1 Xylograph: Formschneider, Formstecher ist ein fast ausgestorbener Beruf, der sich mit der Herstellung von Druckwalzen und -stöcken aus Holz befasst. Diese dienten für die Stoffdruckerei, für Papiertapeten, Spielkarten, Linoleum, Wachstuch und Seide, sowie für die teils künstlerischen Holzschnitte. (Wikipedia).

2 Académie Julian: eine angesehene, private Kunstakademie, gegründet vom Maler Rodolphe Julian im Jahr 1868. Weil ausschliesslich künstlerische Massstäbe galten und Herkunft, Alter und Geschlecht bei der Aufnahme zum Studium keine Rolle spielten, war sie zur offiziellen École des Beaux-Arts eine Konkurrenz, die Frauen erst zur Jahrhundertwende aufnahm, das Eintrittsalter auf dreissig beschränkte und perfekte französische Sprachkenntnisse verlangte. Die Académie Julian existierte bis zum Ausbruch des 2. Weltkriegs. 1953 wurden Nachfolgeateliers eingerichtet, 1959 in den gleichen Räumen unter anderem Namen wiedereröffnet.

Marianne Vögeli

*1. März 1939 in Bern

Sie wohnt seit 1959 im Künstlerhaus, am längsten von allen Künstler:innen, anfänglich in der Wohnung im 1. Stock Süd, später in verschiedenen anderen zusätzlichen Räumen

Den Raum im Parterre Süd braucht sie seit 1997 als Atelier für Ausdrucksmalerei, im Parterreraum Nord initiiert sie seit 2009 Ausstellungen und kuratierte 2011 die erste Übersichtsausstellung zum Künstlerhaus: *70 Jahre Künstlerhaus*.

Während der KV-Lehre und Berufsschule an der Postgasse sei sie in den Pausen jeweils den Laubengang hinuntergerannt auf einen schnellen Kaffee zu Walter Vögeli ins Atelier, erzählt sie über ihre Anfänge an der Postgasse. Direkt nach dem Lehrabschluss zog sie zu ihm ins Künstlerhaus, in die 2-Zimmer-Wohnung, die er zur Hälfte als Atelier brauchte. Bald darauf mietete er einen externen Atelierraum am Langmauerweg.

„Meret Oppenheim schaute als erstes immer hier bei uns vorbei, wenn sie von ihrem Zuhause am Thunersee im Künstlerhaus ankam. Sie liebte es in der Küche zu sitzen, um sich ihren Antrittstrunk, einen Tomatensaft, bei einem Schwatz zu genehmigen. Esther Altorfer sass häufig am grossen Tisch und zeichnete mit den Kindern." Mit solchen Sätzen beginnen ihre Erzählungen über das Leben in diesem Haus. Über sechzig Jahre lebt sie hier und hat folglich viele der Künstler:innen gekannt. Die einen persönlich und freundschaftlich, andere einfach als auch im Haus Anwesende. Sie kennt das Künstlerhaus und seine Geschichte à fonds.

Marianne Vögeli hat mit ihrem Malatelier für Freies Malen respektive Ausdrucksmalen einen neuen Aspekt ins Künstlerhaus gebracht. Sie unterrichtet nicht Maltechniken, korrigiert nicht, sie lässt frei. Ein Thema stellt sie, offen in der Deutung, stellt Material, Staffelei oder Wand zur Verfügung, und, am wichtigsten, den mentalen freien Raum: „Es wird einfach gemalt. Wichtig ist der Prozess, es geht nicht um Leistung oder Malen lernen", erklärt sie ihren Grundsatz. „Vielleicht äussert sich mal jemand über seine Auseinandersetzung mit dem Thema, mit der Farbe, mit der Umsetzung, zum Resultat. Manchmal entstehen aus dem Malen Diskussionen, gehen ins Philosophische, erzählen ganze Leben. Ich würde nie eine wertende Besprechung durchführen, vielmehr über Farbgebung, Bewegung und Ausdruck sprechen, was das Malen an eben diesem Bild im inneren Auge und in der inneren Bewegung auslöst. Es gibt kein Richtig oder Falsch, vielmehr ist das Näherkommen zu suchen, zu dem, was man von sich auf dem Bild möchte."

Textile Arbeiten

Die Häkelobjekte von Marianne Vögeli sind zum Tragen. Taschen, Schmuck, Kleider, sind auf den Körper bezogene, auf ihn projizierte mobile Objekte. Die Trägerinnen bewegen sich mit ihnen im Grenzraum von Kunst, Design und Alltagsmode, konfrontieren Betrachter:innen mit gestaltetem und kunstnahem Ungewohnten.
Häkelobjekte können auch Bilder sein, die sich zur gewoben, gewirkten, geknüpften, geklöppelten, gestickten oder gestrickten Textilkunst wie Tapisserien, Wandteppichen, Gobelins oder Quilts gesellen, changierend zwischen angewandter und bildender Kunst.
Häkelobjekte können plastische Objekte sein, mit der Verfremdung spielen wie bei den Häkelpflastersteinen, die im Kunsthaus Grenchen in den 80er Jahren gezeigt wurden.

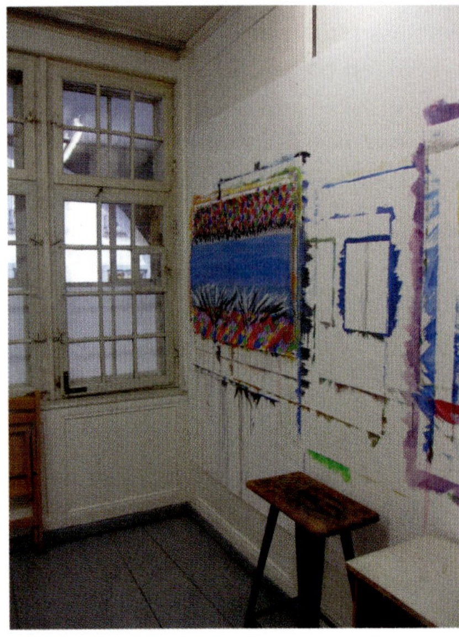

links – Das Malatelier im laubenseitigen Parterreraum.
rechts – Häkelarbeit *Kopf* für die Ausstellung *Köpfe* im Künstlerhaus 2004.

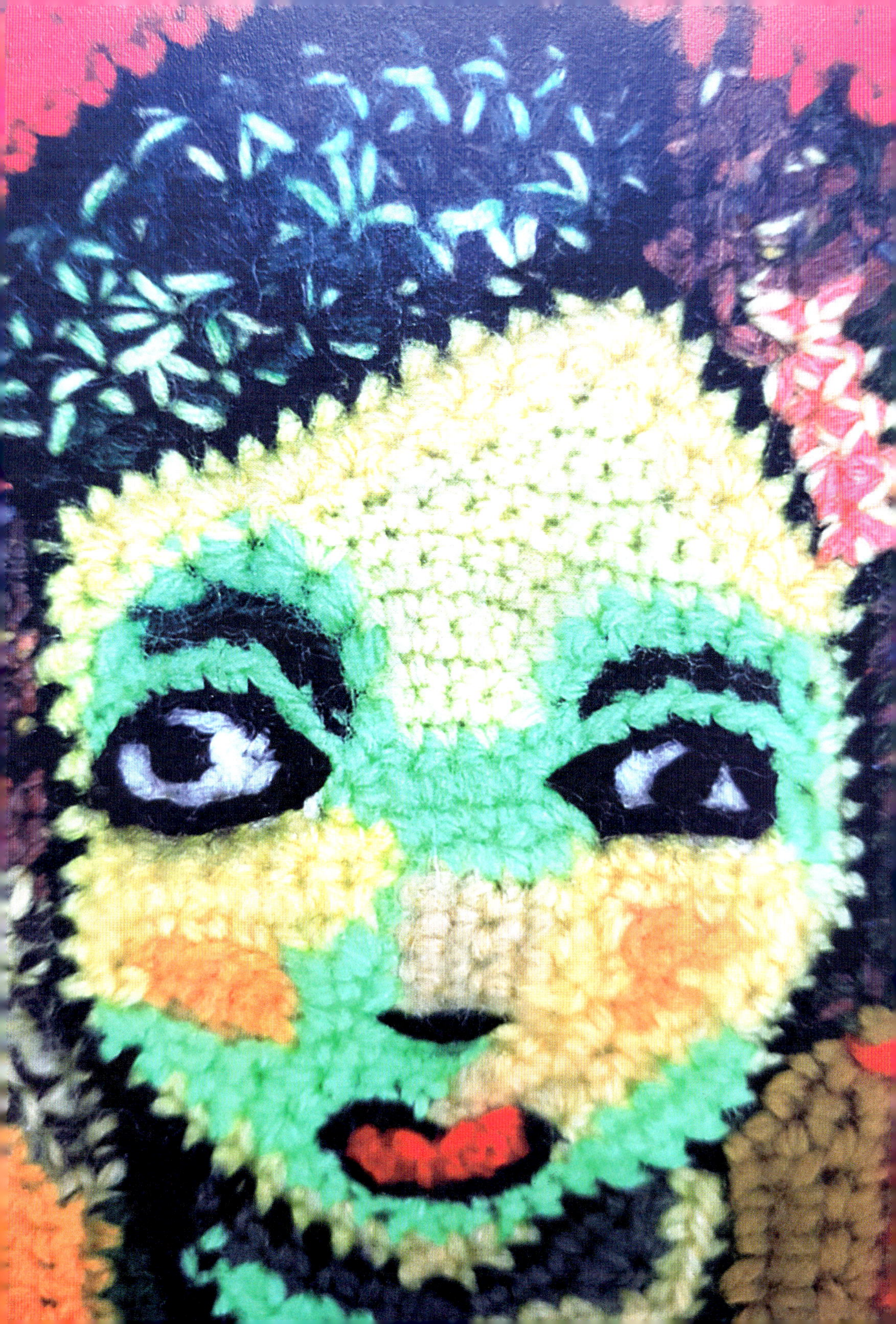

Ausstellungen

Ausstellungsbeteiligungen an diversen Gruppenausstellungen im Künstlerhaus.

Biografisches

Ich/Marianne Vögeli-Gruber
Ich bin am 1. März 1939 in Bern geboren.
1956–1959 KV-Lehre in Bern, Berufsschule an der Postgasse.
1959 zügelte ich an die Postgasse 20
ins Künstlerhaus und heiratete
Walter Vögeli,
Maler/Plastiker. Er verstarb 2009.
Unsere Töchter sind
1960/Sabine, 1964/Christine auf die Welt gekommen
und im Künstlerhaus aufgewachsen.
1966–1976 war ich meinem Mann bei der Herstellung der GF-Polyester-
elemente behilflich.
1977–1991 arbeitete ich als
Dokumentalistin bei der Städtischen Berufsberatung Bern.
1986–1988 Ausbildung zur
Maltherapeutin am IAC Zürich.
1992–1996 betreute ich Menschen mit
einer geistigen Behinderung.
Eigenes Atelier für Ausdrucksmalen
seit 1997 im Künstlerhaus.
Mit meiner Tochter Christine kuratiere ich seit 2009 Ausstellungen von
Bildenden Künstler:innen im Ausstellungsraum des Künstlerhauses.
Daneben entstehen gehäkelte
Kleider und Objekte.
Marianne Vögeli, Januar 2020

Meret Oppenheim

6. Oktober 1913 in Berlin-Charlottenburg – 15. November 1985 in Basel

Atelier im Künstlerhaus von 1962 bis 1968 / 3. Stock Süd als Zweitatelier und Nebenschauplatz, sie teilt ihn von 1964 an mit Esther Altorfer

Nach Paris! Mit der Freundin Irène Zurkinden[1], beide entschlossen auf dem Weg, Künstlerinnen zu werden. Malen, zeichnen, studieren, Kontakte, Orte, Stationen, das frühe Werk.

Ja, *die Pelztasse* in Paris.

Ja, wie sie an Man Ray's Druckerpresse steht mit der schwarz gefärbten Hand, in Paris.

Der goldene *Tisch mit den Vogelfüssen*. Paris. *Le Couple*, das in seltsamer Verrenkung an den Spitzen zusammengenähte Stiefelettenpaar. Die anderen Schuhe, die weissen, geschmückten, die gefesselten, verhöhnten. Ihr Schmuck sind weisse Manschetten, solche, die wie bei einem Brathuhn über die nach oben gespreizten Keulen gestülpt werden: *Ma Gouvernante*, in Paris. Da ist die Erotik bereits gründlich gekippt.

Frauen hätten in der Kunst noch nie etwas geleistet, habe ihr Vater gesagt. Da war Oppenheim noch sehr jung, aber vergessen kann sie diesen Satz nie. Auch in Paris ist sie noch sehr jung.

Glücklicherweise die Grossmutter mütterlicherseits, künstlerisches und emanzipatorisches Vorbild, Lisa Wenger. Auch sie Künstlerin, mit Studium in Paris Florenz und Düsseldorf. Zudem Schriftstellerin mit breitem Romanwerk, Autorin von Theaterstücken und Kinderbüchern, die sie auch illustriert, *schüttle* etwa, 1908 erschienen, wieder und wieder nachgedruckt, bis heute.

1 Irène Zurkinden (1909 Basel–1987 Basel), seit der Jugendzeit mit Oppenheim befreundet. 29 besucht sie in Paris die Académie de la Grande Chaumière. Eine zweite Reise nach Paris 32 macht sie gemeinsam mit Oppenheim. In ihrer Malerei orientiert sie sich am Impressionismus, kommt später zum Surrealismus. Sie lebt in Paris und in Basel im Wechsel, begibt sich auf ausgedehnte Reisen, entwirft Kostüme und Bühnenbilder für das Stadttheater Basel. Buchillustratorin. 85 Retrospektive im Kunstmuseum Basel, 86 Kunstpreis der Stadt Basel.

Eine Zusammenarbeit Lisa Wenger schreibend und Oppenheim illustrierend, ja die gibt's.[2]

Der zu schnelle Ruhm, auch das ist Paris, der Surrealismus-Kreis beflügelt, etikettiert, und engt später ein. Paris, das sie wegen der Kriegsvorbereitungen aufgeben muss. Ihre Krise, erstmals 1937 erwähnt, hält an bis 1954, mindestens. Oppenheim arbeitet zwar, aber zerstört immer wieder Werke oder lässt sie unvollendet. Der Wunsch, neu beginnen zu können. Ihr mehrfach geäussertes Befinden, in ihr stecke ein Gefühl der Minderwertigkeit, nicht wegen ihrer Arbeit oder der durch sie ausgelösten Reaktionen, sondern eine, die sie durch die seit je tradierte Diskriminierung der Frau in sich spüre.

> Immer ihr Schreiben, die Lyrik.
> Immer ihr Schreiben über ihre Träume.[3]
> Immer die Beschäftigung mit Mode, Maske, Kostüm, Auftritt, also mit Theater.

Deshalb ihr kleiner Laden an der Junkerngasse 15 mit Mode, Maske und Kostüm, Puppen, Interieur.[4]

Daraus gewachsen 1956 die Theaterinszenierung von Picassos Stück *Wie man Wünsche beim Schwanz packt* im Theater an der Kramgasse 6. Picassos Text von 1941 mit Originaltitel *Le désir attrapé par la queue* und erstmals 1954 von Paul Celan übersetzt, ein zweites Mal von Oppenheim, Kostümentwurf ebenfalls von Oppenheim, Bühnenbild Otto Tschumi, Inszenierung Daniel Spoerri, auf der Bühne Oppenheim und Lilly Keller, beide in der Rolle der Vorhänge, zudem Nick Hosig.

Zeitgleich im Foyer des Theaters die Ausstellung *XMAS-Schau* mit Arbeiten von ihr, Lilly Keller, Egbert Moehsnang und Walter Vögeli, den vier aus dem Künstlerhaus, dazu vierzehn weitere. Oppenheims ausgestelltes Werk ist *Le Couple,* die symbolhaften, an ihren Spitzen zusammengenähten Stiefeletten. Moehsnangs Beitrag heisst *Amerikaner am Rheinfall* und ist ein klei-

2 Lisa Wenger, Aber, aber, Kristinli, Geschichten und Gedichte, mit Illustrationen von Meret Oppenheim, SJW, Schweizerisches Jugendschriftenwerk 1935, Reprint 2006.

3 Meret Oppenheim, Husch, husch, der schönste Vokal entleert sich, Gedichte, Prosa, Suhrkamp Verlag Berlin 2015.

4 Meret Oppenheim, Warum ich meine Schuhe liebe, Mode, Zeichnungen und Gedichte, Insel Verlag Berlin 2013.

nes Männchen, das er am unteren Bildrand eines im Brockenhaus gekauften Bildes vom Rheinfall hineinmalt. Der Verkaufspreis ist 1 Franken. Alle Bilder und Objekte der Ausstellung haben einen Preis zwischen einem und hundert Franken.

Die Fenster, die Wände, natürlich der Boden im 3. Stock des Künstlerhauses sind heute, wie sie zu ihrer Zeit in den frühen 60er Jahren auch waren. Die Wände mit der auffallend gestalteten Täfelung, die sind wie sie Oppenheim sah, bloss wieder und mit Aufwand geweisst. Sie hatte sie zweifarbig gestrichen, rosa die Flächen und sattgrün die Säulen, die mit den schneckenrunden Enden dorischen Säulen nachempfunden zu sein scheinen, so wie sie ausschliesslich zwischen 1740 und 1760 in der Altstadt Verwendung fanden. Es könnte gemutmasst werden über die Ähnlichkeit dieser Täfer-Säulen und der Formgebung ihres Objekts *Stummer Betrachter*. Hat da etwa ein Wandelement des Ateliers die Form einer plastischen Figur beeinflusst? Haben die Farben an den Wänden auch die Farbgebung für ihre Stabelle *Läbchueche-gluschti* inspiriert, grün für das Holz der Stabelle, rosarot für den Samt der Rückenpolsterung?

Das Atelier im Künstlerhaus war nicht Oppenheims Hauptarbeitsort. Für die am Thunersee Wohnhafte bot es jedoch Unterkunft und Rückzug, manchmal zur Ruhe, zur künstlerischen Arbeit, aber namentlich zur Fortsetzung des gesellschaftlichen Feierns, nachdem im Restaurant Commerce Schlussrunde befohlen wurde. Zudem benützte Esther Altorfer während Oppenheims Abwesenheit den gleichen Raum und zum gleichen Zweck, temporäres Wohnen und temporäres Arbeiten.

Die Fenster lassen den Blick durch die hausüblichen kleinteiligen Scheiben auf das hier nahe Gassengegenüber gehen. Die Häuser dort sind niedriger, Dachfenster und gescheckte Ziegel, der Himmel scheint näher als das Gassenpflaster. Ob diese Sicht auch Oppenheims Sicht war? Fraglich ist es, denn der Häuserkomplex vis-à-vis mit den Hausnummern 15–21 wurde erst 1969 gebaut, nachdem ein Brand die vorherigen Stallungen der Viehhändlerfamilie Weil zerstört hatte. Wahrscheinlich waren diese Gebäude noch weniger hoch, die Stallungen sicher einstöckig und gaben daher mehr Sicht auf die Hinterhäuser der Gerechtigkeitsgasse frei.

Was in ihrem Atelierraum im dritten Stock südseitig entstanden ist, sind Papier- und Leinwandformate, Texte und Gedichte. Für die Arbeit an Objekten ist es hier nur beschränkt geeignet. An grossen Werken arbeitet sie andernorts. Während der Zeit an der Postgasse entstand 1965 das Wandrelief *Wolke und Gestirne* für die damalige Mädchenmittelschule, heutige BFF im

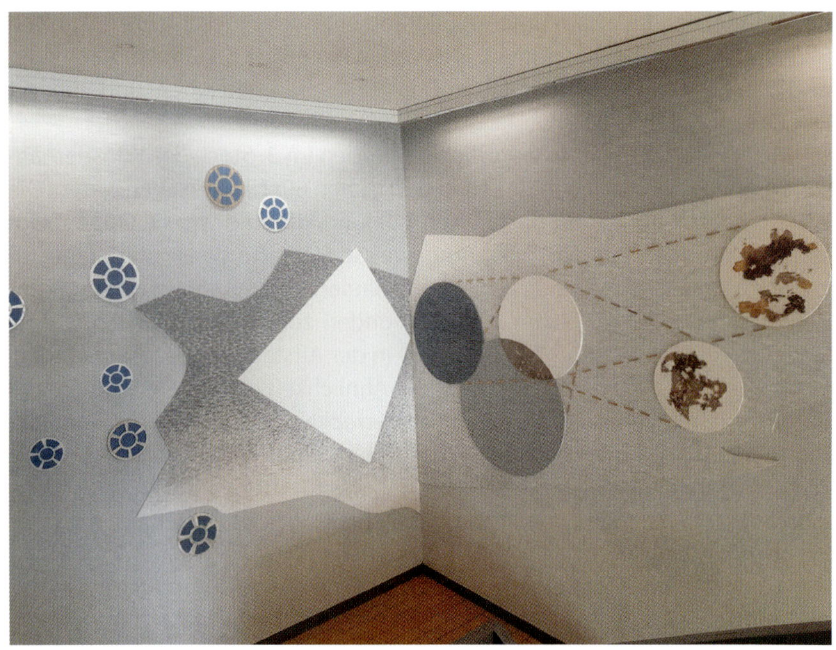

Wandrelief *Wolke und Gestirne*, 1965, 280 x 730 cm, Acryl, Blattgold, Schlagmetall.

Monbijou. *Grosser Himmel mit Wolken, Der volle Mond, Graue Wolke mit karierter Decke, In einer Staubwolke, Bewegte Wolke und Gestirne, Zwei Gestirne hinter Wolken, Wolkenbilder, Denkmal für eine Mondphase, Sterne hinter Wolken,* sind Titel von Werken der Jahre 1965–1967, Himmelserscheinungen mussten sie grundsätzlich beschäftigt haben.

Mit einigen der Künstler:innen des Künstlerhauses war Oppenheim seit Jahren schon befreundet, lange bevor sie hier ein Atelier bezog. Mit Esther Altorfer verband sie eine Freundschaft, die Ferienreisen und Aufenthalte im Tessiner Haus der Familie Oppenheim in Carona miteinschloss. Mit Lilly Keller spielte sie 56 im Kellertheater, 59 waren Keller und Toni Grieb eines der beiden teilnehmenden Gastpaare bei Oppenheims Inszenierung eines bacchantischen *Frühlingsfest*-Happenings in Griebs Wohnung an der Kramgasse 80, das heute wohl Anlass für einen veritablen Shitstorm gewesen wäre.

Eher in Richtung einer Zusammenarbeit geht ein Werk aus dem Jahr 67, der von Oppenheim gezeichneten und geschnitzten, durch einen Schrei-

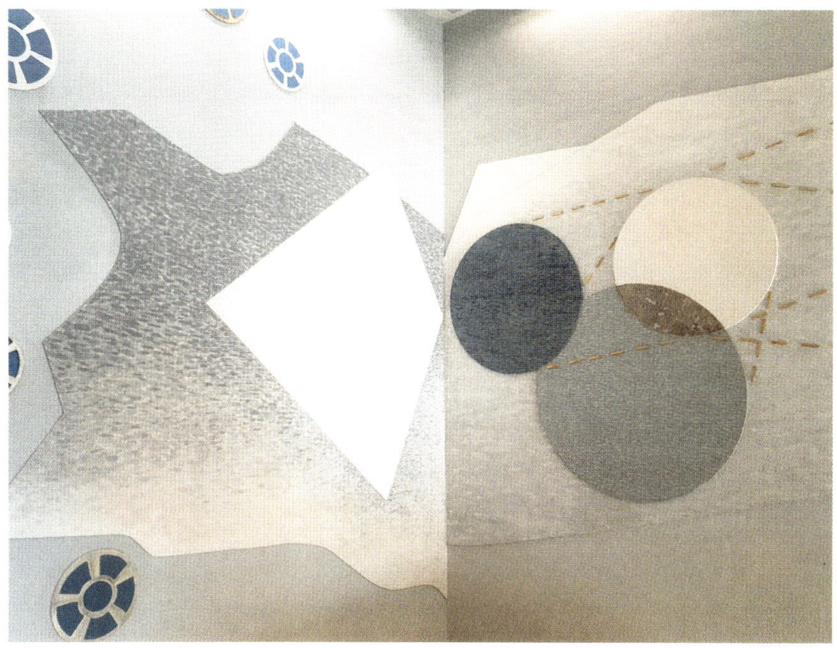

Detailsicht *Wolke und Gestirne.*

ner gefertigten Stabelle, dem sogenannten *Läbchuechegluschti*, zu der Keller ein 'Lebkuchen'- Sitzpolster webte. Mit Walter Vögeli zusammen entstand 59 das Werk *Löffel und Kaminschaufel für Hexenküche.* Sie fertigte die Zeichnung, nach der sie den Löffel aus Holz schnitzte und schliff und er die Kaminschaufel aus Eisen schmiedete.

Mehrdeutig das Objekt, in dem ein Haarzopf ebenso als eine Frauenfigur gesehen werden könnte, mit der Murmel als von Armen umrahmtem Kopf, mit kugeligen Brüsten, breiten Hüften und prallen Schenkeln. Aber die Kugeln sind eigentlich eierförmig, es könnten zwei Hoden, ein Penis mit seiner roten Öffnung sein. Vielleicht ists nichts dergleichen, einfach ein verzierter Stiel an einem Löffel mit Öffnung im Stiel. Das Objekt ist mittlerweile verschollen, hingegen existieren die Zeichnung und eine Fotografie mit rückseitigem Text und Grussbotschaft von Oppenheim an Walter und Marianne Vögeli.

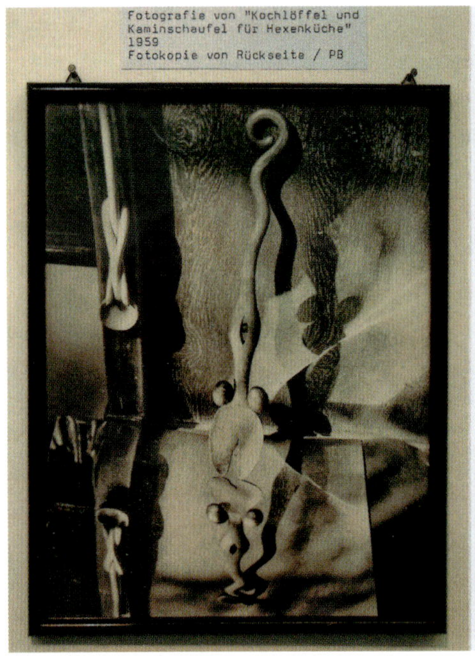

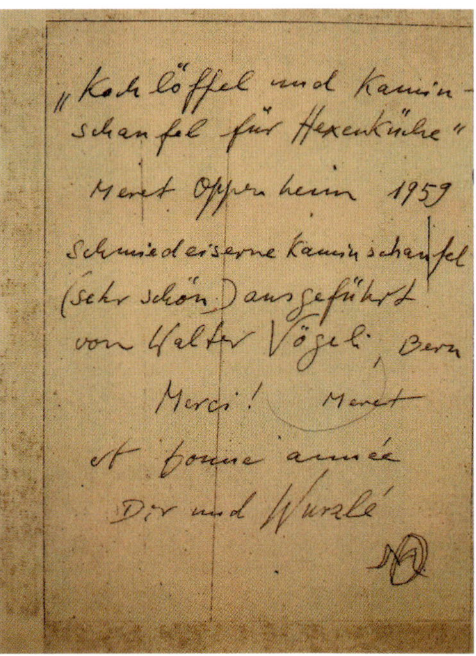
„Kochlöffel und Kamin-
schaufel für Hexenküche"

Meret Oppenheim 1959

Schmiedeiserne Kaminschaufel
(sehr schön) ausgeführt
von Walter Vögeli, Bern

Merci! Meret

et bonne année
Dir und Wurzlé

Kochlöffel und Kaminschaufel für Hexenküche, 1959, mit rückseitiger Grussbotschaft.

Werke im öffentlichen Raum Berns

Wandrelief *Wolke und Gestirne* 65: BFF, Treppenhaus, Kapellenstr. 8 Bern.
Brunnen, 1983, Waisenhausplatz Bern.

Werke in öffentlichen Sammlungen

Das Werk Oppenheims ist national (u.a. Kunstmuseum Bern) und international in Museumssammlungen aufgenommen, in Ausstellungskatalogen und Büchern dokumentiert. Verwiesen sei auf *Spuren durchstandener Freiheit – Meret Oppenheim* von Bice Curiger, mit vollständigem Werkverzeichnis, Texten und Gedichten, ABC Verlag Zürich 1982 und auf die Lyrikbände im Suhrkamp Verlag.

Biografisches

Während des ersten Weltkriegs lebt Oppenheim mit der Mutter bei den Grosseltern in der Schweiz, die Schulen besucht sie in der Schweiz und in Deutschland. Über die Grossmutter Lisa Wenger, Künstlerin und Schriftstellerin, kommt sie früh in Kontakt mit künstlerischem Schaffen. 1932–1937 Aufenthalt in Paris, kommt da mit dem Surrealismus in Beziehung und erlebt künstlerische Höhepunkte. 1937–1939 Kunstgewerbeschule Basel. Ab 1948 lebt sie in Bern, nach der Heirat mit Wolfgang La Roche am Thunersee, nach dessen Tod wieder in Bern. Ab 1972 pendelt sie zwischen ihren Ateliers in Paris und Bern. Kunstpreis der Stadt Bern 1974.

Esther Altorfer

8. Oktober 1936 in Lausanne – 15. Juli 1988 in Bern

Atelier im Künstlerhaus von 1964 bis 1968 / 3. Stock Süd, das sie zwar mit Meret Oppenheim teilt, aber zeitverschoben benutzt

Esther Altorfers Werk setzt ein mit filigranen Federzeichnungen und endet in einem Sturm von Farben und in sparsamen, leichten Pferdedarstellungen. Die Momente des Rauschs sind darin ebenso zu finden wie jene tiefer Verzweiflung. Klarheit steht neben Chaos. Augen und Gesichter tauchen auf, Masken vielleicht, und manchmal Figuren, die an Puppen erinnern oder an weisse Prinzessinnen, wie in jenem Farbwirbel, den sie *Salto mortale* nannte, dem Werk auf Stoff, wo sie doch sonst schweres handgeschöpftes Papier oder Halbkarton verwendet hat. [...] Auf dem Boden der kleinen Wohnung über den Dächern der Gerechtigkeitsgasse hat sie einen grossen Teil ihres Werks geschaffen. Mit dem Pinsel und den Fingern, aus der Spraydose und der Tube hat sie Farben aufgetragen. Bronze und Glimmer gehörten ebenso dazu wie aufgeklebtes Krepppapier, ihre runenartige Schrift oder die Namen, die sie sich gab. Und dann hat sie Altäre der Einsamkeit in den engen Raum gestellt. So beschreiben Fred Zaugg und Alexander Egger die Arbeit Esther Altorfers.[1]

Ein der Art brut nahes Werk, ein ephemeres zu grossen Teilen, ein bis hin in die eigene Zerstörung gehendes. Die Altäre genannten Assemblagen sind aufgelöst und vernichtet, Zeichnungen versehrt, zerrissen, mit der Schere gelöchert. Fotografien übermalt, der Malgrund beklebt mit Krepppapier oder bedruckter Aluminiumfolie von Verpackungen. Packpapier, Kuverts, Druckausschuss hat sie bearbeitet mit Filzstift, Kugelschreiber, vielfach Material, das sich mit Ausbleichen, Verfärben, Lösen, Zersetzen bis zum Verschwinden gegen den Begriff des Werks wendet.[2]

In Signaturen transformiert Esther Altdorfer ihren Namen zu Jester (engl. Hofnarr), Schneeesther, es†er, es+er.

1 Fred Zaugg, Alexander Egger, Lokaltermin Atelier - 101 Künstlerinnen und Künstler 1942-87, Bernische Kunstgesellschaft 1988

2 Siehe Lexikon zur Kunst in der Schweiz recherche.sik-isea.ch

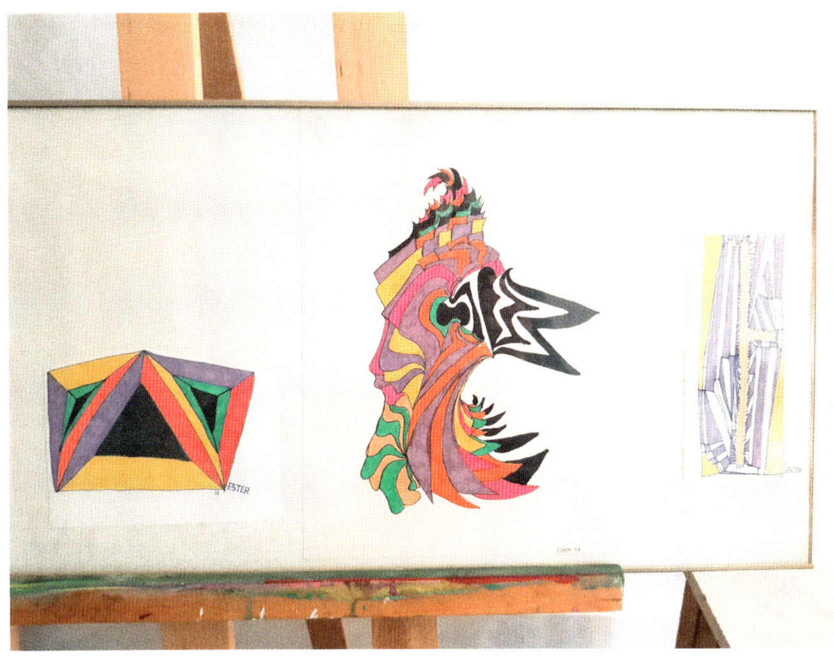

Drei Zeichnungen auf Staffelei im Künstlerhaus, Filzstift-Aquarell, 1964.

Ausstellungen (Auswahl)

1964 Gruppenausstellung, Kurator Harald Szeemann, in der Städtischen Galerie Biel: 25 Berner und Bieler Künstler.
1968, 1977 und 1986 Kunsthalle Bern.
1970 Einzelausstellung in der Galerie Toni Gerber, Bern.
1971 an der von Oppenheim und Keller konzipierten Ausstellung im Kunstmuseum Bern *Die andere Realität.*
1974, 1979 Berner Galerie.
1975 Gruppenausstellung im Kunstmuseum Luzern, Kurator Markus Raetz.
1980 Gruppenausstellung im Kunstmuseum Bern, Kurator Heinz Brand.
1985 Einzelausstellung in der Galerie c/o Suti, Bern.
1987 Gruppenausstellung in der Klinik Waldau, Bern.
1989 Retrospektive im Kunstmuseum Bern.
1991 und 1992 *Visionäre Schweiz* kuratiert von Harald Szeemann im Kunsthaus Zürich und im Museo Nacional Reina Sofia, Madrid.

Werke in Sammlungen

Kunstsammlung Kanton und Stadt Bern, Kunstmuseum Bern, Graphische Sammlung der Schweizerischen Nationalbibliothek.

Nachlass bei der Galerie DuflonRacz und bei der Art-Nachlassstiftung.

Biografisches

Altorfer wächst zuerst in Urdorf, später im Waisenhaus von Zürich-Wollishofen auf. 1957–1959 Ausbildung zur Keramikerin und Keramikmalerin bei Jakob Stucki, Langnau im Emmental, arbeitet dort im Anschluss drei Jahre auf dem Beruf. Ab 1963 freie Künstlerin. 1972 Reise nach Marokko, Aufenthalt beim Künstler Michael Buthe. Erster Aufenthalt in einer psychiatrischen Klinik, gefolgt von einem mehrmonatigen Erholungsaufenthalt bei Meret Oppenheim in Carona. 1974 Louise Aeschlimann-Stipendium. 1969 Mitwirkung in Fredi Murers Film *Swissmade* und *1972* in Reto Savoldellis Film *Stella da falla.* Altorfer wohnte ab 1963 längere Zeit bei Lilly Keller und Toni Grieb in Montet-Cudrefin, ebenso bei Meret Oppenheim in deren Haus in Carona. Immer wieder wurden Aufenthalte in den psychiatrischen Kliniken Rheinau ZH und Waldau BE nötig.

Nick Hosig

*3. Juli 1934 in Madrid, lebt und arbeitet in Bern

Atelier im Künstlerhaus von 1991 bis 1995 / 3. Stock Nord

Nick Hosig über ihre Zeit im Künstlerhaus
Der Zufall wollte es, dass ich nach langjährigem Aufenthalt im Ausland wieder in der Berner Altstadt landete und den Kontakt zu meinen alten Freunden suchte, wo ich dann bei Marianne und Walter Vögeli, die immer noch an der Postgasse 20 wohnten, im obersten Stock mein Atelier fand. Ich hatte mir ein kleines Fotolabor eingerichtet. Meine alte Schreibmaschine war dort und alles andere, was ich brauchte, um mich auszudrücken, und am Abend knisterte das Feuer im Cheminée. Was für eine wunderbare Zeit, vier ganze Jahre lang.

Seit damals male ich. Ich habe wild begonnen. Ich hatte keine diesbezügliche Ausbildung. Aber wenn man das nicht so genau lernt, wie es dann aussehen soll, da hat man mehr Freiheit. Auch die Collagen, wild, ich habe alles hineingeklebt, so dass man das Handwerk sieht, zerrissen, zerfetzt, übermalt und vielleicht auch fortgeworfen. Ins Objekthafte ging ich mit grossen Wesen in der Art von Puppen, verwendete Wolle, Reste vom vielen Kinderkleider Stricken. Die existieren nicht mehr, haben sich irgendwann aufgelöst.

Pips schaute häufig vorbei, interessierte sich für meine Malerei, wie meine Sachen am Entstehen waren. Gab auch mal einen Hinweis, wie: Ich solle gross malen, das kleine Format mal sprengen. Er war immer respekt-

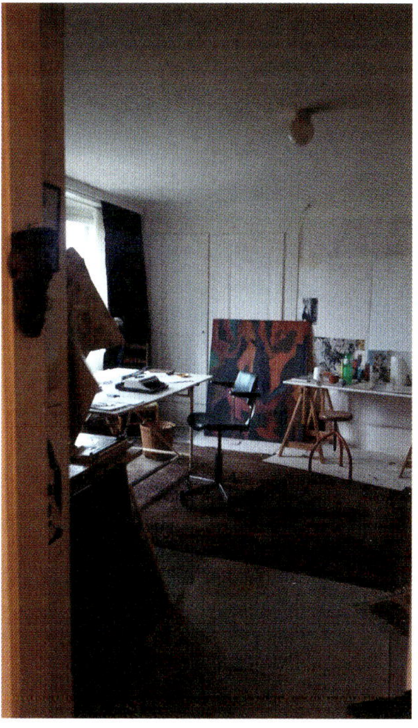

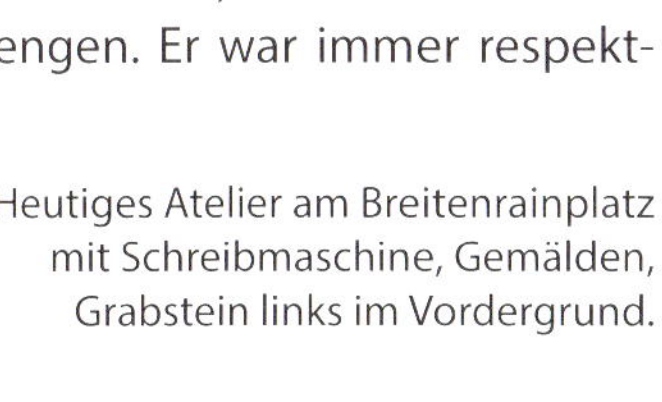

Heutiges Atelier am Breitenrainplatz mit Schreibmaschine, Gemälden, Grabstein links im Vordergrund.

voll. Ja, er war ein guter Freund seit den 1950er/60er Jahren.

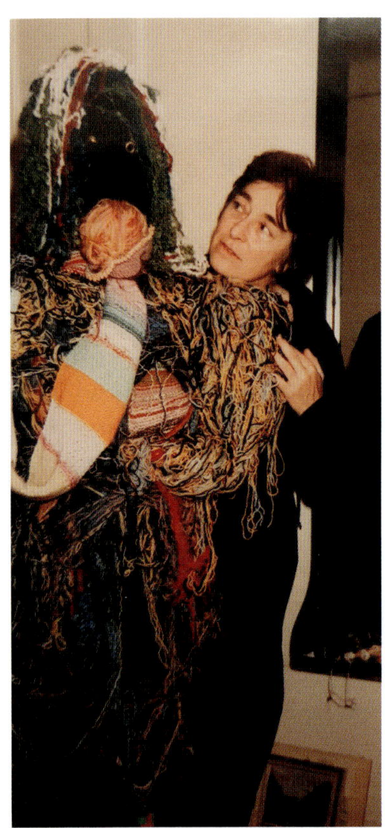
Arbeiten an Stoffpuppe im Künstlerhaus

Die alte Schreibmaschine, wie damals im Künstlerhaus. Die hat mich immer begleitet. Darauf schreibe ich, auch meine Gedichte. Neben dem Türpfosten steht der Grabstein meines Grossvaters, zugleich ist es der meines Vaters und meines jüngeren Bruders. Als das Grab aufgehoben werden musste, habe ich den Stein vom Graubünden zu mir genommen. Alle drei auf dem Stein heissen Antonio, beim kleinen Bruder heisst es Antonino. Hosig ist mein lediger Name.

Mein Vater ist gestorben, als ich 12 war. Ich habe ihn zu wenig gekannt. Er hatte vorausgesagt, dass ich am 3. Juli zur Welt käme, am Geburtstag seiner Mutter, und so wars, darum habe ich auch ihren Namen. Das sind bloss Anekdoten, so wurde es mir erzählt, für die richtigen Fragen und Diskussionen fehlte uns die gemeinsame Zeit. Aber deshalb war ich, als ich sehr jung war, im Alter für das Hesse-Lesen, stolz, am gleichen Tag Geburtstag zu haben wie er und wusste sein Gedicht *Julikinder* auswendig: Wir Kinder im Juli geboren / Lieben den Duft des weissen Jasmin / Wir wandern an blühenden Gärten hin / Still und in schwere Träume verloren […].

In 80 Tagen um den Napf war ein Projekt, eine Entdeckungsreise um den Napf in einem um- und ausgebauten Zug der SBB, mit Halt und künstlerischen Aktionen, auch mit Einbezug der Bevölkerung und Schulkinder in acht Dörfern. Nach ungefähr drei Jahren der Planung waren wir drei Monate unterwegs auf dieser eigentlich kurzen Strecke. Gerade die Langsamkeit war aber wichtig, nur durch sie kamen all die Begegnungen in den Dörfern zustande. Fünf Jahre später – auch da wieder die Langsamkeit und Sorgfalt –

hatten wir, Menel Rachdi, Regula Farner und ich, die Dokumentation davon in einem Buch beisammen. Jede Seite ist von Hand gestaltet, das war ein riesiger Aufwand, eine großartige Arbeit.[1]

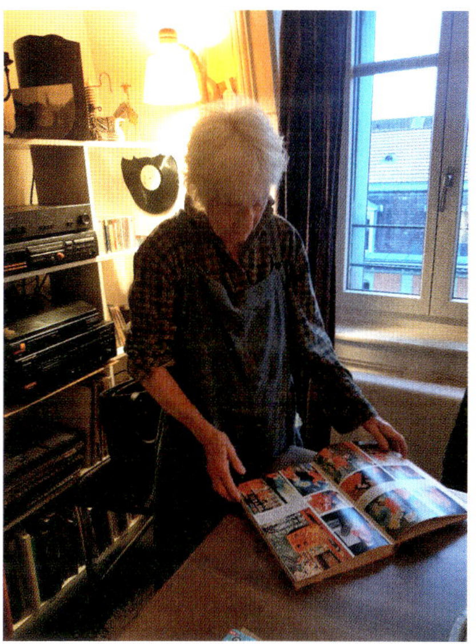

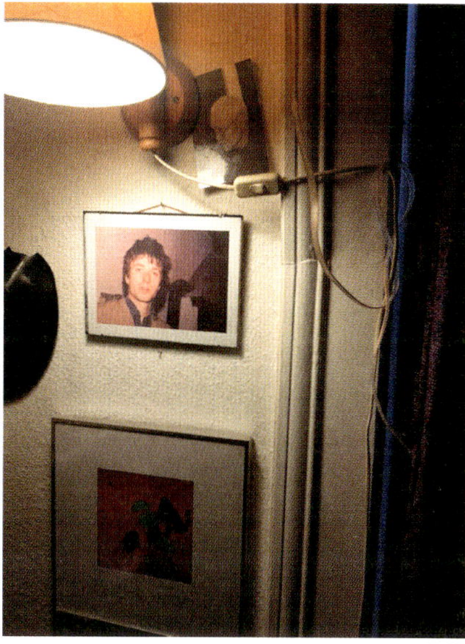

links – Blättern im Buch *In 80 Tagen um den Napf.*
rechts – Erinnerungen an der Wand: Hosigs Sohn in der Mitte, oben W. Vögeli, unten ein Druck von ihm mit Widmung aus dem Jahr 1994.

1 Hosig, Anita / Rachdi, Menel / Farner, Regula, In 80 Tagen um den Napf: Die Kultur-Expedition, Napf-Edition, Huttwil 2004.

Biografisches

Ana, der spanische Name, ist der offizielle,
die Koseform Anita, verkürzt zu Nick, die Nennung.
1936 Flucht der Eltern vor dem spanischen Bürgerkrieg,
Kindheit in Thalwil, Arosa, Davos, Feldmeilen und Bern.
Welschland Aufenthalt, Bürolehre,
Schauspielunterricht, erste Rollen.
1956 Schauspielerin an versch. Theatern.[2]
1958, 1960, 1963, 1965, 1970 Geburten der Kinder,
bis 1974 verheiratet mit Hans-Ulrich Althaus.[3]
Einige Jahre wohnhaft in Saas-Grund und
Flamatt. 1966–1975 Südafrika. Dort Anfang der
s/w Fotografie, eigenes Fotostudio.
1975–1979 England.
1979–1991 Italien, Ausbildung Gestalt- und
Body-Work, Hata-Yoga. Professionalisierung der Fotografie.
Schreibt Gedichte, vorerst in italienischer Sprache,
später wieder in deutscher.
1991 Rückkehr in die Schweiz,
wohnt an der Münstergasse.
1991–1995 Atelier im Künstlerhaus,
arbeitet mit Foto, immer schwarz/weiss,
Malerei, Collagen, Zeichnungen und Objekten.

2 Im Kellertheater an der Kramgasse, heute Kulturlokal ONO, im Ateliertheater, heute Theater an der Effingerstrasse und im Stadttheater Bern trat Nick Hosig u.a.in den Schauspielen *Die Nashörner*, *Die Stühle* und *Die kahle Sängerin* von E. Ionesco (Inszenierung Daniel Spoerri) auf, in Samuel Becketts *Warten auf Godot (Inszenierung Hans-Ulrich Althaus),* in Picassos *Wie man Wünsche beim Schwanz packt (Inszenierung Sporri).* Die Ionesco Stücke übersetzte das aufführende Ensemble, es gab noch keine zugänglichen Übersetzungen. Es waren alles Schweizer Erstaufführungen. Nick Hosig: „Es war die Avantgarde. Wir spielten alle ohne Gage, aber wir wollten das Neue."

3 Hans-Ulrich Althaus, Bruder von Peter F. Althaus, war Regisseur beim Ateliertheater, inszenierte *Warten auf Godot* von Samuel Beckett auf der Bühne des Kellertheaters an der Kramgasse, die vom Ateliertheater als Aussenstelle für die avantgardistischen Stücke gebraucht wurde. In den 60er Jahren arbeitete er als Programmierer, einer Vorform des Computerspezialisten, für Grossbaustellen wie dem Mattmark-Staudamm, an einem Projekt in Südafrika, was häufige Wohnortwechsel bedingte.

Seit 1995 Wohnung mit Atelier am Breitenrainplatz.
1998 Beteiligung an der Planung und Durchführung,
anschliessend dem Dokumentationsbildband
In 80 Tagen um den Napf.
Diverse Ausstellungsbeteiligungen mit
Fotografien, Bildern, Collagen.

Pia Berla

Atelier im Künstlerhaus von 2002 bis 2006 / 3. Stock Nord, wo bereits Simon Fuhrer, Judith Müller und Nick Hosig arbeiteten

Text von Pia Berla anlässlich der Ausstellung »70 Jahre Künstlerhaus» 2011, mit Ergänzungen 2023:

Geboren in der Mitte des letzten Jahrhunderts. Nach dem Studium der Geografie intensive Auseinandersetzung mit Video, Fotografie und Text. Immer wichtiger werden Verbindungen von Bild und Wort. Kurse in Malerei, Fotografie, Video und Schreiben u.a. bei Jan Hubertus in Baden, an der Schule für Gestaltung Bern, an der F+F Schule für Kunst und Mediendesign Zürich und an der kantonalen Schule für Weiterbildung EB Zürich. Von 1995 bis 1997 Weiterbildung in Fotografie in der GAF-Gruppe Köniz (Gruppe autodidaktischer Fotografinnen und Fotografen). Seit 2019 Kurse bei Greet Helsen und Andreas Durrer, Netzwerk Malerei. Reisen und längere Aufenthalte im Süden Afrikas und in Zentralasien. Teilzeitstelle als wissenschaftliche Mitarbeiterin im Bereich Landschaft beim Bund und Fotografie-Schreib-Video-Projektarbeiten. Teilnahme an Ausstellungen mit Installationen, Malerei, Fotografie und an Lesungen.

Im Rückblick auf die künstlerische Arbeit, in der Erinnerung an Momente, als das Erschaffene öffentlich präsentiert wurde, verblasst der Wert, den ich diesen Auftritten damals gegeben habe. Geblieben sind die Magie von Augenblicken, von Orten, von Begegnungen sowie die Wärme, die Ausstrahlung von Menschen, mit denen ich zusammenarbeiten durfte.

In meiner künstlerischen Arbeit versuche ich, alltägliche Erscheinungen so zu inszenieren, dass diese unerwartet in ihrer Fremdheit erkennbar werden und sich neue Dimensionen darin entdecken lassen. Im Medium der Fotografie finde ich die Möglichkeit, eine Spannung zwischen dem Vertrauten und Fremden, dem Realen und einem dahinter liegenden Unbekannten zu erzeugen.

AugenBlicke malen, die hinter Glas trübe werden,
morgen abblättern. BildFährten aufnehmen
für das BilderHörAlbum für
den Reisekoffer ins
UnBekanntLand.

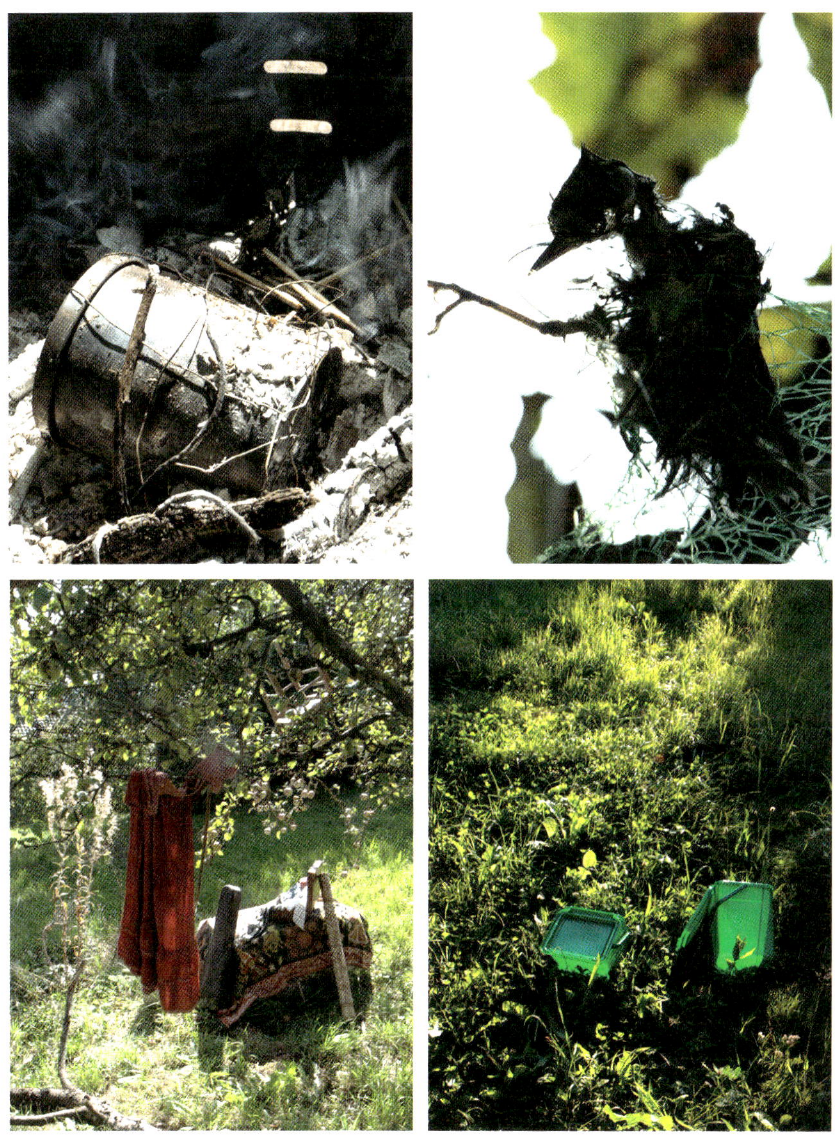

Vier Jahre später besucht Pia Berla noch einmal ihr ehemaliges Atelier im Künstlerhaus und schreibt:

Glanzlichter... bis 2006 und ein Tag im Sommer 2020

Das Haus hat mich aufgenommen wie damals. Ich laufe die Treppen hoch, die Spirale schlauft mich ein in die Vergangenheit. Im 3. Stock das ehemalige Atelier mit Aussicht auf die andere Seite der Aare, auf den Sonnenhang, auf die währschaften Häuser, auf das Spiel von Licht und Schatten in den Bäumen. Ich beginne, dem Wispern und Knarren im Haus zuzuhören und erinnere mich, wie sich Geschichten in meine Zeichnungen einschlichen, in meine Bilder. Im Winter, wenn ich, in eine Decke eingewickelt, ab und zu Holz in den Kanonenofen nachlegte, schweiften meine Gedanken ab von Farben und Formen in Wortfolgen, in Sätze. Ich begann zu schreiben. Das Haus, das bildenden Künstlerinnen und Künstlern Obdach bot, wurde neben dem Malen zu meinem Schreibort, gewährte mir Einblicke in frühere Zeiten, verankerte die Texte mit Fensterverriegelungen, die seitwärts aufdrehen, mit Löufterli, dem Geruch erloschener Cheminéefeuer, mit Kammern im Estrich, einst wohl Schlafplätze für Dienstboten, mit Räumen, die sich der Biegung der Altstadtgasse und dem Aarehang anpassten. Manchmal blitzten aus den Ritzen der Balken, den rauen Wänden, den ausgetretenen Treppenstufen Glanzlichter, die ich festzuhalten versuchte und auch ausserhalb des Atelierhauses aufspürte und fotografierte.

Ich schlaufe mich aus dem turmförmigen Treppenhaus, mit den Bildern und Objekten aus den Ateliers, verabschiede mich von den Personen, die das Künstlerhaus prägten und noch immer tragen, grüsse den schmiedeeisernen Türklopfer, die roten Klappladen unter den Erdgeschossfenstern und gehe in den Lauben stadtaufwärts. Eine Frau schliesst ein Fahrrad auf. Auf dem Gepäckträger ein Korb voller roter Äpfel.

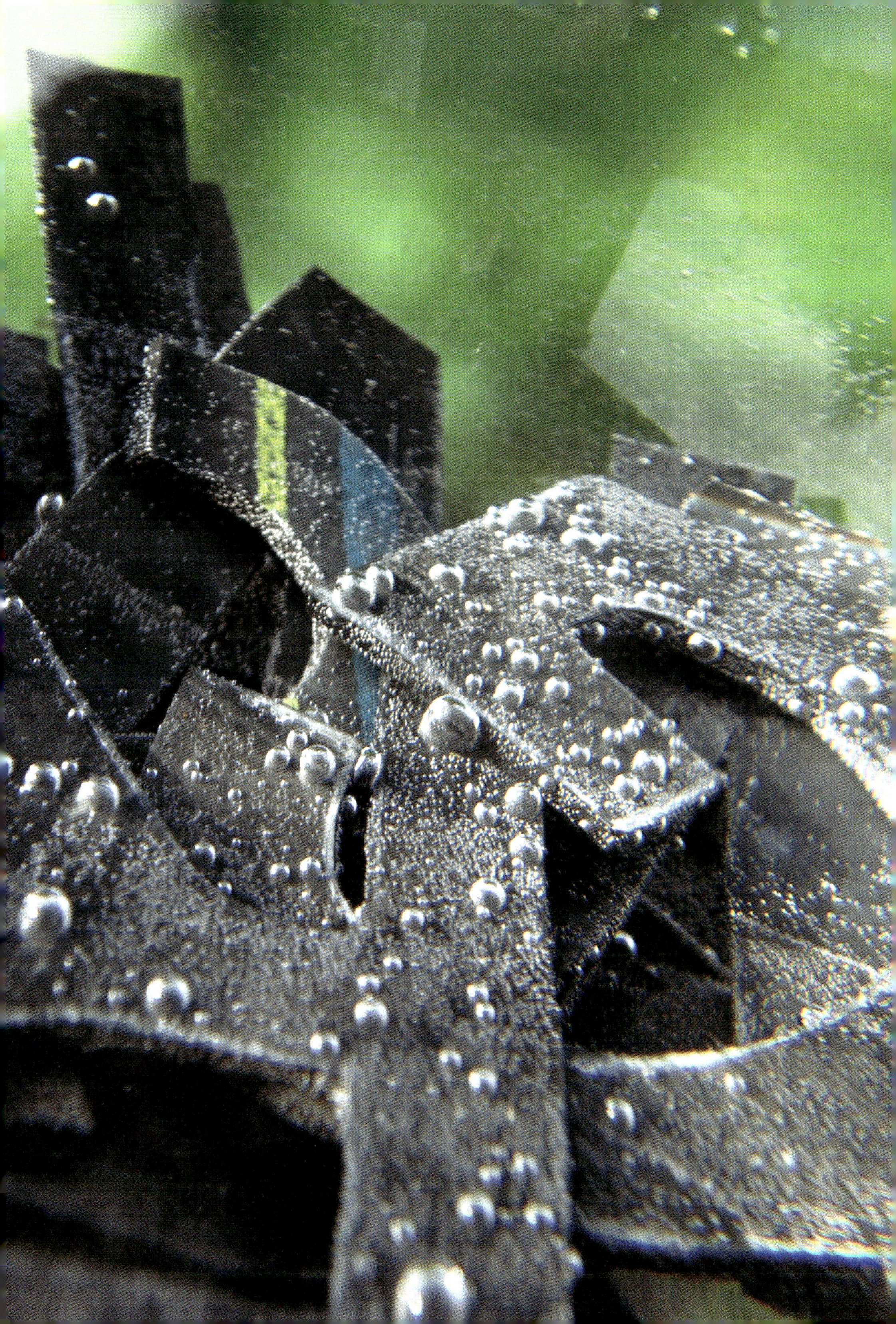

Marie-Françoise Robert

*1939 in La Chaux-de-Fonds

Atelier im Künstlerhaus seit 2007, bis 2018 im 3. Stock Nord, seither bis heute im 2. Stock Süd

Ein Atelierbesuch
Beim Eintreten überrascht die Helligkeit und ja, die Modernität des Raums. Weiss ausgemalt ist er, weisse, halb transparente Vorhänge hellen und vereinheitlichen die Sicht auf das Nachbarhaus an der gegenüberliegenden Gassenseite. Die Unterteilung der Scheiben stückelt dessen Fassade und gestaltet sie zu gerahmten Einzelbildern von Sandstein, Fensterteilen und Dachausschnitten. Vom Fenster zur Tür zieht sich wandlang ein Regal mit Büchern und unzähligen Bilderrahmen, gefüllten und solchen noch in Verpackung, neben Schachteln und Stapeln von Papierbögen. Am Gestell anlehnend verläuft über die ganze Länge eine Reihe am Boden stehender, gerahmter Bilder mit abgeschlossenen Arbeiten. Auch an der gegenüberliegenden Wand stehen sie angelehnt in Gruppen nebeneinander, manchmal zwei, drei hintereinandergestellt, andere liegen aufgestapelt am Boden. Für die gerahmten Blätter ist es ein Probestehen, der Prüfung der Künstlerin ausgesetzt, ob das Einzelne dem Gesamten standhält, ob die Serie in ihren Augen stimmt. Weitere Stapel sind auf Ablagen aufgeschichtet, in Rahmen, in Mappen oder lose, auf dem grossflächigen Arbeitstisch ausgebreitet dann Blatt für Blatt in verschiedenen Graden des Arbeitsprozesses: Das Werk, das Schaffen von Marie-Françoise Robert. Ihr Material ist das Papier, ihre Werkzeuge sind hauptsächlich Schere und Leim, ihre Arbeiten sind Collagen.

Aus Kunstmagazinen, vor allem dem *Du*, Fotosammlungen, Ausstellungskatalogen nimmt sie ihr Ausgangsmaterial, wählt aus, schneidet, fragmentiert, sammelt. Im geräumigen Wandschrank hebt sie den so gewonnenen papierenen Vorrat auf, Schachtel um Schachtel, jede nach Farben oder Themen angeschrieben. Für eine neue Arbeit wählt sie aus diesem Bild-, Farb-, Formarchiv, schneidet wieder, setzt zusammen, überlagert, legt die Teile aus, schichtet. Das Ausgangssujet löst sich aus seiner Erkenntlichkeit, verliert sich selbst, wird zu gänzlich Anderem. Die Künstlerin komponiert die eigene Bildwelt. Da sind architektonische Elemente, Landschaften und Schiffe im Sturm, Amorphes und Pflanzliches, Muscheln und Wurzeln, Netze und Schlangen,

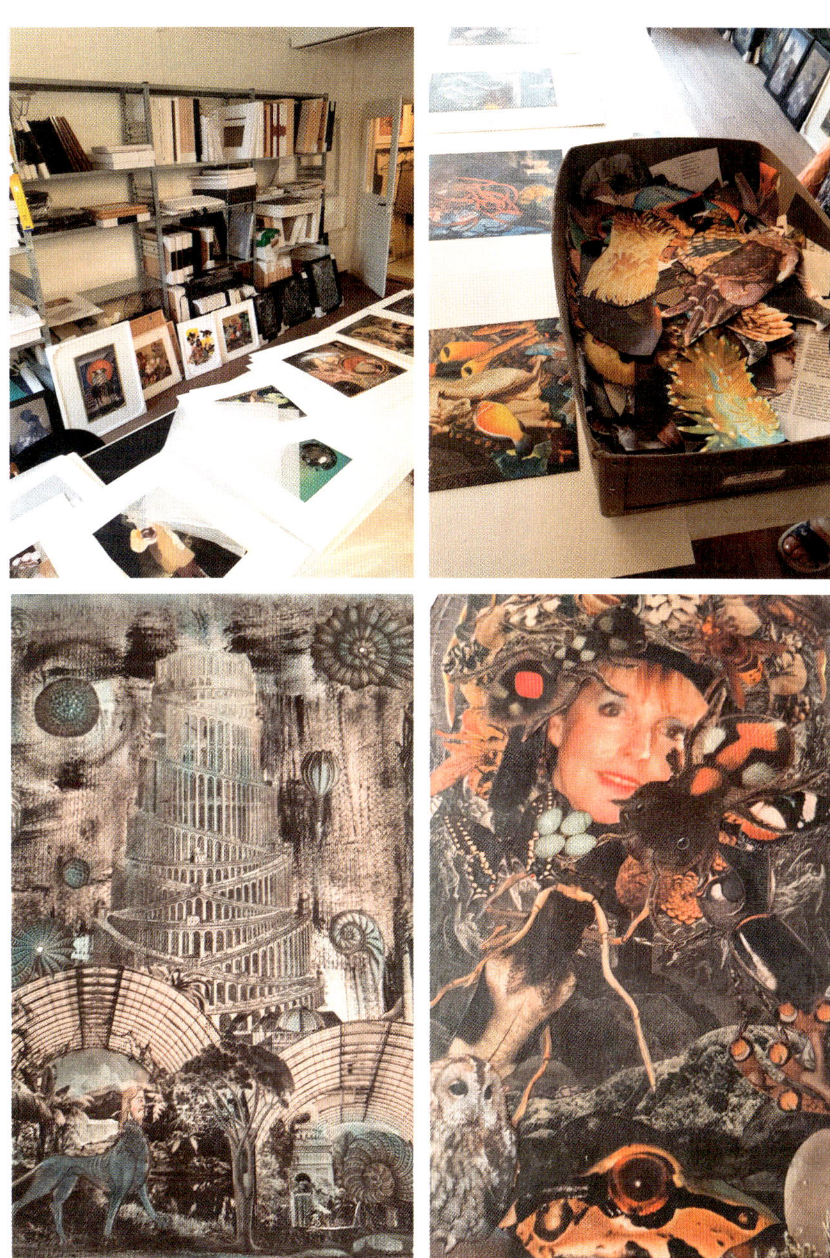

oben links – Einblick ins Atelier, oben rechts – Papiervorrat, das Ausgangsmaterial.
unten links – Collage, unten rechts – Collage.

Schmetterlinge und plötzlich ein Auge, das einen schon lange aus seinem Versteck anschaut.

Eine Arbeit gespickt mit Zitaten aus der Kunstgeschichte, einem ironischen Augenzwinkern zu einem Altmeister, eine andere mit einem Ausschnitt einer wissenschaftlichen Zeichnung eines Pflanzenblattgerippes. Eine weitere zeigt einen Hermelinpelz, surrealistisch kombiniert mit Wasserwesen, da sind Himmelsausschnitte, Planeten, die an Glaskugeln zum Wahrsagen erinnern. Schicht auf Schicht schieferartig vom Hintergrund sich abhebend. Die Schnitt- oder Reisslinien werden einmal fein abgeschliffen und mit einer Lasur fast zum Verschwinden gebracht, ein andermal mit wenigen Pinselstrichen nachgezogen, wie auch Flächen und Formen hin und wieder gemalt oder übermalt sein können. Jedes Bild ist viele Bilder, ein eindeutiges Narrativ wie die objektive Interpretation entziehen sich. Träume können in dieser Art sein, in gewissem Sinn vielleicht literarische Formen. Allein die Benennung Surrealismus greift zu kurz, ist aber sicher nicht falsch.

Marie-Françoise Robert erzählt

Ich bin jeden Nachmittag da. Meist setze ich mich vorerst mal hin und lese. Damit komme ich an, nicht: fange ich an. Der Kopf, der Sinn lässt los, distanziert das Vorherige, interessiert sich nicht ums Nachherige, tritt zurück, befreit sich, findet sich ein, hier. Ja, dann beginnt es, es geht weiter. Ich liebe das Haus, den Geschmack nach Farbe aus dem Malatelier im Parterre, das Treppenhaus mit der grossen Wandplastik von Walter Vögeli und den Plakaten von längst vergangenen Ausstellungen, die sichtbaren und die unsichtbaren Spuren der Zeit und vorderen Leben hier. Der Weg die Treppen hoch, früher in den dritten, jetzt in den zweiten Stock, ist mir gerade recht, gibt mir innerlich Distanz, und wenn ich dann die Ateliertür aufschliesse, bin ich nicht nur örtlich angekommen. Im oberen Atelier galt meine erste Handlung dem Einheizen des kleinen Holzofens. Ich habe es genossen, hier einfeuern zu können, wo ich doch sonst nie mit Holz heizte. Die Wärme ist eine andere, behagliche, und ich liebte das leise Knistern des Feuers.

Ich spüre im Künstlerhaus eine besondere Kreativität, vielleicht durch die künstlerischen Tätigkeiten, die hier immer stattgefunden haben. Im Französischen sagt man dem 'l'âme du lieu', die Seele, im Deutschen wohl eher die Atmosphäre des Ortes, der Geist des Hauses. Was ist es? Nicht genau definierbar, aber eindeutig spürbar. Es entspricht meiner Arbeit. Meine Collagen sind auch Schichtungen, Papier auf Papier, ich lege Schicht auf Schicht. Jeder von mir eingearbeitete Bildteil verändert das Vorherige, kreiert Wandlung, schafft neue Bezüge, offenbart meine Gedanken und Sichtweisen. Metamorphosen, gilt gewissermassen für mein gesamtes Werk, Verwandlungen.

Eine meiner Werkgruppen nenne ich *Reminiszenzen*. Eigentlich gehts mir in diesen Arbeiten um Erinnerung, die auch ein Vorgang des Schichtens, des Zumischens und der Veränderung ist. Auf meiner Homepage habe ich dazu einen kurzen Text:

'Des Öfteren stosse ich an vage, schwer lokalisierbare Fetzen von Erinnerungen: Visionen aus dem grossen Repertoire an Bildern, die ich im Laufe meines Lebens in mir angesammelt habe, eine Art Geister der Vergangenheit. Im hohen Alter, sage ich mir, werde ich keine Erinnerungen mehr haben, sondern nur noch Reminiszenzen. Tatsächlich glaube ich wie Marcel Proust gerne, dass diese Reminiszenzen Wiederaufleben von Erinnerungen aus meinem Gedächtnis sind, das allmählich nachlässt. In *Le Temps retrouvé*, dem siebten und letzten Band von *Auf der Suche nach der verlorenen Zeit*, beschäftigt sich Proust ausführlich mit diesem Phänomen: Verlorene Zeit ist die des Vergessenen, wiedergefundene Zeit ist im Gegenteil die Wiederkehr der Erinnerung, die er Reminiszenz nennt.'

Eine andere Werkserie habe ich nach dem englischen Begriff *Record* benannt, was unter anderem Tonaufnahme bedeutet, aber auch Erzählung der Vergangenheit oder Zeugenbericht. Ich habe für meine *Records* frühere Arbeiten transformiert, sie Vinylplatten gleich rund zugeschnitten, mitsamt dem Loch in der Mitte. Ich habe, wie beim Vorgang des Erinnerns, ausgewählt, also weggelassen, aus anderer Sicht wieder zusammengesetzt. Die *Records* bilden eine Art Chronik meiner älteren Arbeiten, sind wiederum eine Art Metamorphose.

Das Runde ist mir wichtig, diese Form findet sich oft in meinen Arbeiten. Der Kreis, die Kugel, ob im Schneckenhaus oder im Planeten, ob im Bildelement oder in der formalen Gestaltung des Gesamten. Umgekehrt mag ich den rechten Winkel nicht, mit ihm habe ich Schwierigkeiten. Nicht was das Bildformat angeht, aber innerhalb der Komposition. Kaum etwas schneide ich, füge ich im rechten Winkel. Die Kugel aber schon – les sphères – oder ihre Stellvertreter, der Kreis, das Auge. Solche Elemente kommen in meinen Bildern immer wieder vor, sind wie ein Teil meiner selbst.

Vielfach arbeite ich an einem Thema über längere Zeit, mit mehreren Blättern, in einer Serie. Da gibt's dann die Titel, *Record* oder *Alte Klänge*, *Lebenszeichen* oder *Metamorphosen*. Einzelne Blätter sind ohne Titel. So lassen sie beim Betrachten die Offenheit zur eigenen Auslegung.

Immer wieder baue ich Zitate aus der Kunstgeschichte ein, aus der Architektur, also Zeugnisse des Vorgefundenen. Es sind wie Spuren von meinem Schauen. Ich komme aus einer Familie voller Künstler, Maler. Das Visuelle war daher schon in meiner Kindheit immer sehr präsent. So, aus diesem vielen Gesehenen ergeben sich die Querverweise und Bezüge, das Andeuten.

Eigentlich bin ich in meinen Collagen immer drin, sei es mit meinem Erleben und meinen Reaktionen, mit meinem Denken, meinen Träumen, manchmal ganz direkt mit einem Portrait, oder auch nur mit einem Auge. Die Künstlerin Marie-Françoise Robert, die seit 2007 ihr Atelier im Künstlerhaus hat.

Werke in öffentlichen Sammlungen (Auswahl)

Kunstsammlung der Stadt Biel.
Kunstverein Biel.
Neues Museum Biel/Stiftung Sammlung Robert.
Sammlung Carola und Günther Ketterer-Ertle, Bern.
Stiftung Kunsthaus-Sammlung Pasquart, Biel Zentrum Paul Klee, Bern (Leihgaben aus Privatsammlung).

Ausstellungen (Auswahl)

c/o suti galerie & edition, Bern 1999, 2001, 2004.
ArchivArte Bern 2010, 2012, 2017.
Weihnachtsausstellung, Kunsthalle Bern 2005.
Cantonale Berne Jura, Kunsthaus Pasquart Biel kontinuierlich seit 2001.
»I am the space where I am – Swiss women's contemporary art exhibition»,
He Xiangning Art Museum, Shenzhen, China 2012.
Galerie da Mihi KunstKeller, Bern 2022.
Neues Museum Biel NMB, Biel 2022.

Biografisches

Schulen in Bern.
Lizenziat an der Universität in Neuenburg.
Lehrauftrag an der Volkshochschule
Düsseldorf 1973–1980.
Lehrauftrag an der Schule für Gestaltung
Biel 1982–1985.
1999–2012 Mitglied Stiftung Sammlung Robert Biel.
Assistentin Graphische Sammlung und
Paul Klee Stiftung am Kunstmuseum Bern.
Lebt und arbeitet in Bern.

Monografie: Marie-Françoise Robert:
Lebenszeichen/Signes de Vie im
Verlag für moderne Kunst, Wien, 2022
www.marie-françoise-robert.ch

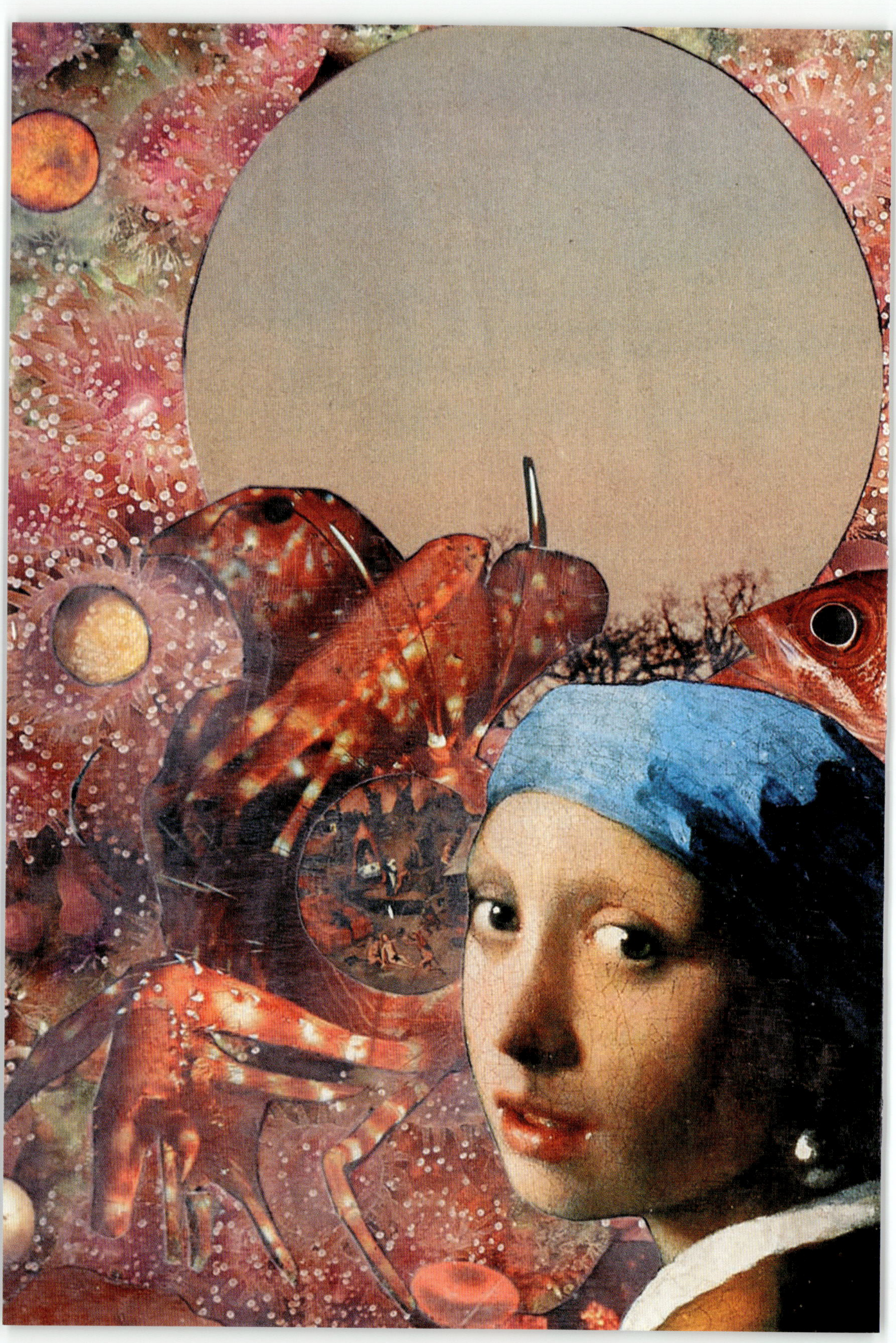

Andreas Roth

*16. Februar 1946

Atelier im Künstlerhaus seit 2010 / 2. Stock Nord

Auf der Suche nach einem Atelier im Dezember 2009

Verschiedene Bilder habe ich bei Marc Bigler (ZAC) an der Postgasse rahmen lassen und ihm von meiner Suche nach einem Atelier berichtet, ob er allenfalls etwas wisse. Ich solle mal ein Haus weiter, möglicherweise könne dort etwas frei werden, an der Postgasse 20 – ein unglaublicher Zufall.

Neben der Haustüre ein Hinweis, welche Künstlerinnen und Künstler hier gearbeitet haben, so auch Meret Oppenheim.

Im Hauseingang an der Wand die Griffe der Drahtzüge zum Bewegen der Glocken auf den einzelnen Stockwerken, gerahmte Zeitungsartikel aus der *Berner Woche* von 1941 und dem *Der Bund* von 1959 über die *7 Künstler unter einem Dach*, eine steile Wendeltreppe mit ausgetretenen Stufen führt nach oben – eines der letzten im ursprünglichen Zustand erhaltenen Altstadthäuser. Am Treppenaufgang und auf den Stockwerken hängen Fotos von Festivitäten, Zeichnungen, ein grossformatiges Ausstellungsplakat von 1966, einer Künstlergruppe mit Walter Vögeli zeugen von den Bewohnern des Hauses. Es ist ein Eintauchen in die Berner Untergrund-Zeit: Kunsthalle, Kellertheater, Café du Commerce.

Das Atelier im 2. Stock, auf der der Aare zugewandten Seite der Altstadt, ist geräumig, Fenster und Vorfenster mit altem Glas, leichten Verzerrungen der Durchsicht auf die Bäume und den gegenüberliegenden Aarehang, gestrichene Holzdecke, helle Wände und ein Riemenboden mit Spuren gestalterischer Arbeit, das Wasser auf dem Gang – die Zeit ist stehengeblieben.

Erst nach und nach bin ich auf die Geschichte des Hauses gestossen und habe ich über die verschiedenen Künstlerinnen und Künstler oder von Atelierbesuchen gelesen.

Andreas Roth, der seit 13 Jahren im Künstlerhaus ein Atelier hat.

links – M.-F. Robert, Collage, 2020, 29,7 x 22,6 cm.

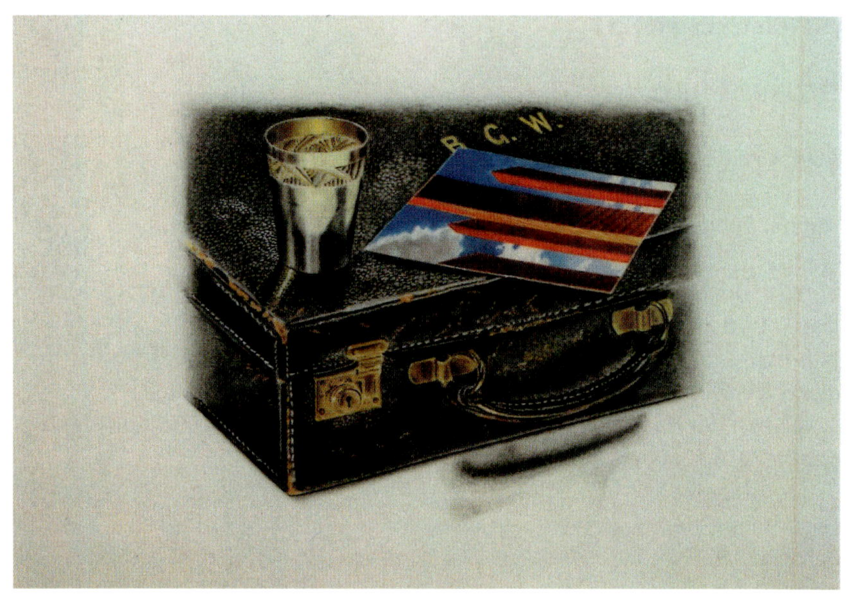

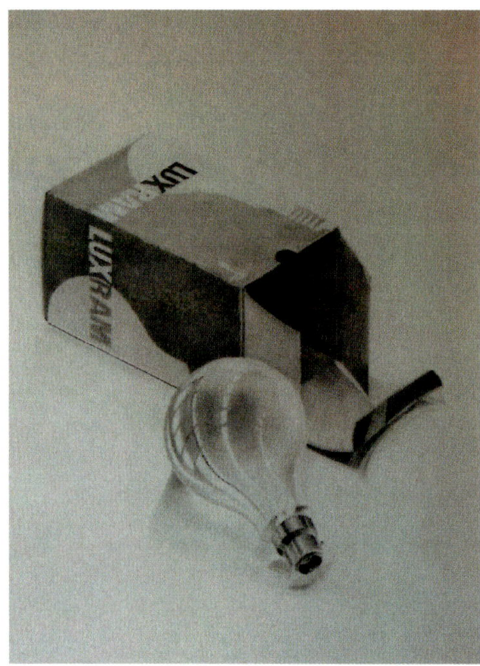

Herausfordernde Wirklichkeit,
geheimnisvolles Narrativ,
aus dem zeichnerischen Werk.

Biografisches

Schulen in Burgdorf.
Lehrerseminar in Langenthal.
Sekundarlehramt Bern mit Zeichnen
Langjährige Unterrichtstätigkeit Bildnerisches
Gestalten an Sekundarklassen und Gymnasium.
Weiterbildung an der Schule für
Gestaltung Bern Grafik, Malerei, Zeichnung.

Verena Felber

*1945 in Frutigen

Atelier im Künstlerhaus von 2010 bis 2017 / 2. Stock Süd, zusammen mit Lilly Keller

Erinnerungen von Verena Felber

Ein tolles Haus mit eigener Geschichte, das spürt man, sobald man es betritt. Schwierig zu sagen, woran es genau liegt, was es ausmacht, aber es ist da, atmosphärisch. Man spürt, dass da Leute waren, seit langem, und nach wie vor sind, die an etwas sind, etwas erarbeiten. Ob es die Konzentration ausmacht? Ihr Ausdruck in der Kunst? Es ist nicht in einem sprachlichen Begriff erklärbar. Die Ausstrahlung machts, das Haus ist in seiner Ursprünglichkeit belassen, da ist nichts weg, alles hat sich gesammelt, angesammelt.

Nebenbei: darum wurde der Film *Dällenbach Kari* in diesem Haus gedreht, weil es ist, wie es damals war.

Solange ich in Bern war, wohnte ich immer in der Altstadt.

Die 60er Jahre haben meine Beziehung zur Altstadt geprägt. Bern war damals 'Weltstadt' in Sachen Kunst. Sam Francis hatte ein Atelier im Dachstock des Kornhauses, Max von Mühlenens Malschule war dort gewesen. Daniel Spoerri war Tänzer im Stadttheater. Harald Szeemann leitete die Kunsthalle und brachte sie zu weltweiter Ausstrahlung! In der Galerie von Toni Gerber stellten Markus Raetz, Herbert Distel, Christian Megert, Bendicht Fivian aus, um nur einige zu nennen. Durch Bendicht Fivian, einem Kollegen von der Kunstgewerbeschule, lernte ich sie alle kennen. Von Markus Raetz konnte ich, als er nach Amsterdam ging, die Wohnung, meine erste, an der Kramgasse übernehmen.

Viele andere kannte ich über das Commerce. Meret Oppenheim, Pips Vögeli, Esther Altorfer, es war eine heterogene Gesellschaft, die sich dort traf. Lilly Keller kannte ich ebenfalls seit dieser Zeit. Aus der Bekanntschaft wurde vor allem nach dem Tod ihres Mannes Toni Grieb eine enge Freundschaft, zumal wir beide in der Vully-Gegend wohnten.

Ein Ort sich zu treffen.

Lilly wurden mit der Zeit die beiden Häuser, das in Montet/Cudrefin und das von ihrer Familie übernommene in Thusis zu viel. Im Hinblick auf ihren Umzug nach Thusis entschieden wir uns, die Atelierwohnung an der Postgasse gemeinsam zu mieten, als Marianne Vögeli sie Lilly anbot. Nachdem Lilly Montet aufgegeben hatte, wurde die Postgasse-Wohnung für sie umso wichtiger als Pied à terre, als Verbindung zur 'alten' Heimat Bern. Sie war immer wieder für einige Tage in Bern, für Ausstellungsbesuche, Konzerte, ihre Kontakte und Aktivitäten, auch für unser gemeinsames Yoga im Altenberg zum Beispiel.

Eingerichtet hatten wir die Wohnung zusammen. Wir haben häufig zusammen gekocht, Leute eingeladen und gemeinsam gegessen, hier war der Ort sich zu treffen.

Für Lilly wie für mich war der Raum mehr Wohnung denn Atelier. Beide hatten wir nie viel Material dort zum Arbeiten, wir hatten unsere Hauptateliers je anderswo. Ich skizzierte und zeichnete vor allem. Nur mit Papier und Bleistiften ausgerüstet, entstanden aus der Beschränkung des Materials grossflächige Bleistiftzeichnungen. Das ist, ich könnte es so sagen, was das Künstlerhaus ausmacht:

Es sind da Ermöglichungsräume.

Hier konnte ich mich konzentrieren. Ich bin hingegangen, hier bewegte sich die Idee, nach zwei Stunden schon war mit minimalen Mitteln etwas entstanden.

Für Lilly war es vor allem die Arbeit an ihren Tage- und Werkbüchern, was sie hier machte, das Notieren, Skizzieren von Ideen.

Uns war das Gefühl und Wissen, dass treppauf-treppab andere auch am Zeichnen, Malen, an Skulpturen waren, wichtig. Das hatte man eben gespürt, dass jemand, dass andere da waren.

Zu meinem Werk

Ich arbeite thematisch. Nicht dass ich mir ein Thema gäbe und das so quasi abarbeiten würde. Umgekehrt ists. Es entstehen Werke und Arbeiten, die erst nach einer gewissen Zeit zeigen, dass sie ein ihnen zugrunde liegendes Thema haben. So sind die Figuren, die in der Ausstellung *70 Jahre Künstlerhaus* standen, Teilaspekte des Themas *Nabel*. Der Nabel ist nicht nur allgegenwärtig an Körpern, vielfältig und persönlich wie ein Fingerabdruck. In der

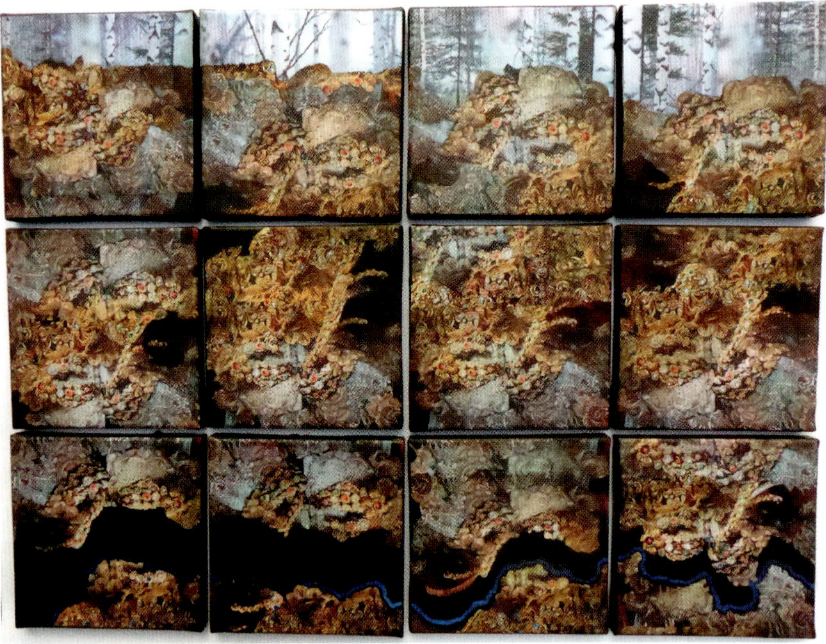

Schichtungen durch Boden, Raum, Zeit.

Vorstellung der Menschen ist er seit Jahrtausenden Symbol eines zentralen Ortes, eines Ortes der Kommunikation zwischen Vergangenheit und Zukunft, zwischen unterirdischen Toten und Lebenden hier. So wird dieser körperliche Ort zu einem spirituellen Zentrum. Die im Jahr 2011 ausgestellten Gipsfiguren sind *Nabelblumen*. Diese Werkgruppe ging hervor aus *Nabelschau*, thematisch nah, in der Herangehensweise, vom Material her absolut verschieden. Die Weiterentwicklung führte zu *Kindheitsmuster, HerAufgefundenes, Paradiese*. Nach den beiden plastischen, objekthaften Werkgruppen sind dies wieder Gemälde mit Collagen.

Mit Ausstellungen halte ich es ähnlich, ich stelle thematisch aus. Einzelne Arbeiten von früheren Werkgruppen auszustellen, interessiert mich nicht sehr. Die sind für mich abgeschlossen, ich bin weitergegangen. Meine neue Position zu zeigen, das ist meine Art. Daraus ergibt sich wie selbstverständlich, dass es dauert von der einen Ausstellung bis zur nächsten.

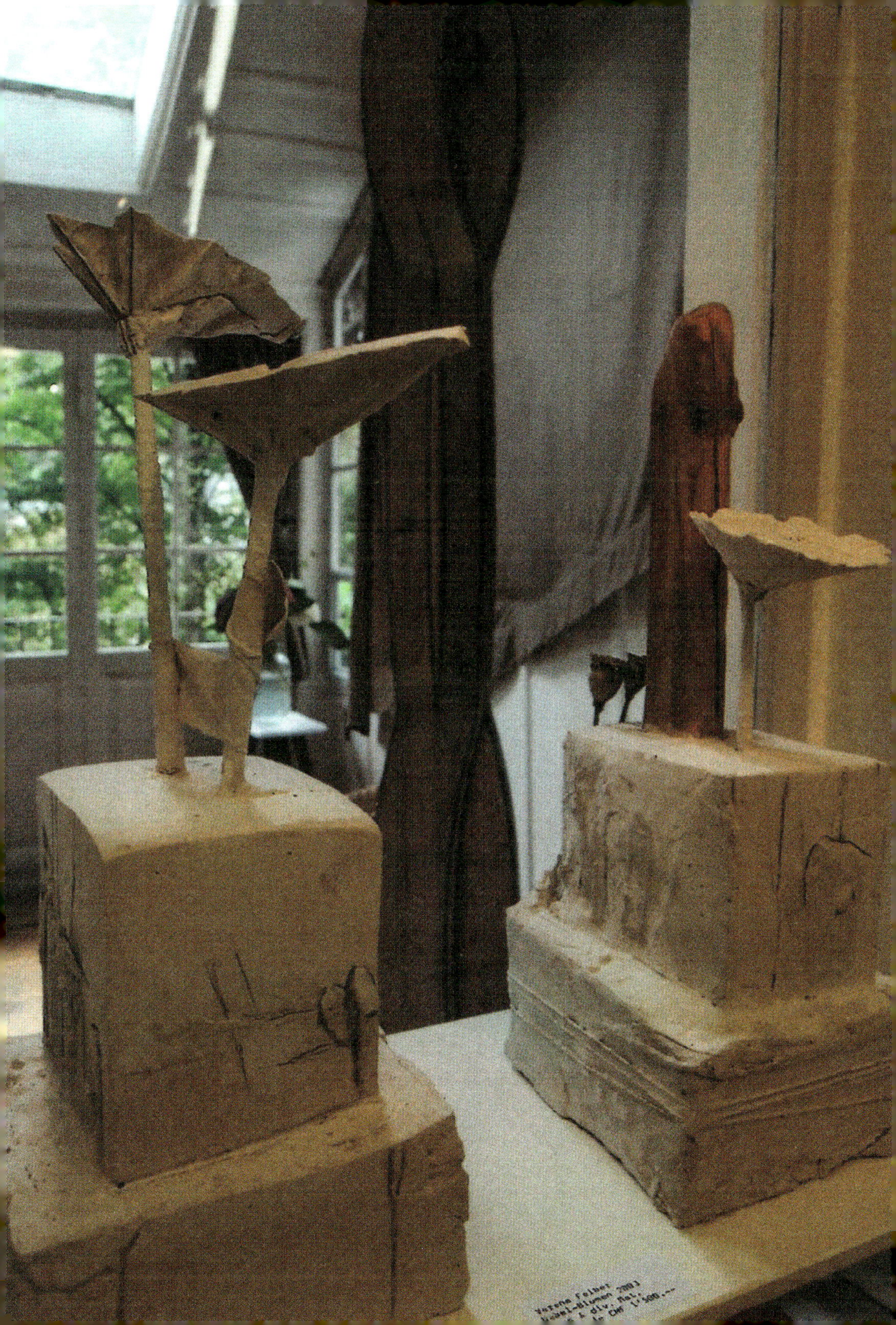
Verena Felber

Galerieverbindung: Galerie Christine Brügger, Bern – www.verenafelber.com

Biografisches

Studien in Bildender Kunst, Kunstgeschichte, Geschichte, Philosophie und Psychologie in Bern und Zürich. Lehrtätigkeit für Bildnerisches Gestalten am Kirchenfeld Gymnasium Bern bis 1993. Bis 2013 Dozentin für Kulturgeschichte am Eidg. Hochschulinstitut für Berufsbildung EHB in Zollikofen/BE. Lebt und arbeitet seit 1995 in Môtier/Vully.

vorherige Seite – *Nabelblumen*, Ausstellung im Künstlerhaus 2011.

Lilly Keller

19. Februar 1929 in Muri b. Bern – 2. Januar 2018 in Thusis

Atelier im Künstlerhaus von 2010 bis 2017 / 2. Stock Süd, zusammen mit Verena Felber

1952, nach ihrem Studienabbruch in Zürich und der Rückkehr nach Bern, arbeitet Lilly Keller autodidaktisch. Sie malt, fertigt Material- und Papiercollagen, näht und webt Tapisserien. Sie schliesst Kontakte und Freundschaften zum hiesigen Künstlerkreis. Der US-amerikanische Maler Sam Francis, der im Dachstock des Kornhauses ein Atelier hat, bietet Starthilfe mit Materialbeschaffung und Vermittlung von technischem Know-how. 1956 tritt sie zusammen mit Meret Oppenheim in Picassos Theaterstück *Wie man Wünsche beim Schwanz packt* als Schauspielerin auf, in den sechziger Jahren im Film *Der Vogel Fleming* von Toni Grieb. Am *Frühlingsfest* 1959 von Meret Oppenheim ist sie zusammen mit Toni Grieb eines der beiden Gästepaare, die von der mit Speisen bedeckten, nackten Frau essen. 1966 beteiligt sie sich am *Künstlerfest auf der Lueg*. 1962 ist sie mit ihren Tapisserien an der Biennale de la Tapisserie in Lausanne vertreten. Im gleichen Jahr verkauft sie eine Webarbeit an das Stedelijk-Museum in Amsterdam und erhält in der Folge zahlreiche Kunst am Bau-Aufträge für öffentliche Gebäude. Ihre grösste Tapisserie mit den Massen 3 auf 10 Meter entsteht für das Gymnasium Langenthal.

Trotz dieses Durchbruchs werden ihre Arbeiten vom hiesigen Künstlerkreis als blosses Kunsthandwerk, als Frauenkunst abgewertet. Textile Kunst war in diesen Jahren suspekt und diffamiert.

Die Diskriminierung ging vereinzelt so weit, dass textile Materialien nicht einmal mehr zu Weihnachtsausstellungen zugelassen wurden, weil sie a priori als Kunsthandwerk galten. Um 1990 verschwand die Textilkunst fast ganz. Auch die Biennalen von Lausanne wurden beerdigt. Für Schweizer Künstlerinnen wie Beatrix Sitter, Lilly Keller, Verena Lafargue, Christine Knuchel und andere blieb nur die Hinwendung zu anderen Materialien und Techniken. Die Schweizer Kunstkritikerin Annelise Zwez 2009[1]

1 Annelise Zwez, Textilkunst im Wandel, Mittelland-Zeitung vom 13. 03. 2009, www.annelisezwez.ch

1984 webt Lilly Keller ihre letzte Tapisserie, siebzig Arbeiten sind entstanden. Ab 1957 pflegt sie die Werklinie der Bücher, grossformatige Arbeitsbücher, in die sie so gut wie täglich Einträge schreibt, zeichnet, klebt. Sie bezeichnet sie als ihr Arbeitsmaterial, als Werk- und Lebensbegleitung, als ihre Sammlung der 'kleinformatigen' Arbeiten auf Papier und derjenigen der schriftlichen Äusserung zu verschiedensten relevanten Themen, auch über die Situation der Frau in der Gesellschaft und namentlich im Kunstbetrieb. Neunzig Bücher sind in den sechzig Jahren so entstanden.

Ab 1962 lebt und arbeitet Keller mit ihrem Partner, dem Botaniker und Künstler Toni Grieb, in Montet/ Cudrefin. Zusammen kultivieren sie um das gemeinsame Wohn– und Atelierhaus einen Garten mit Bambuswäldchen und fremdartigen Pflanzen. Von riesenblättrigen verarbeitet sie ab 1996 ein-

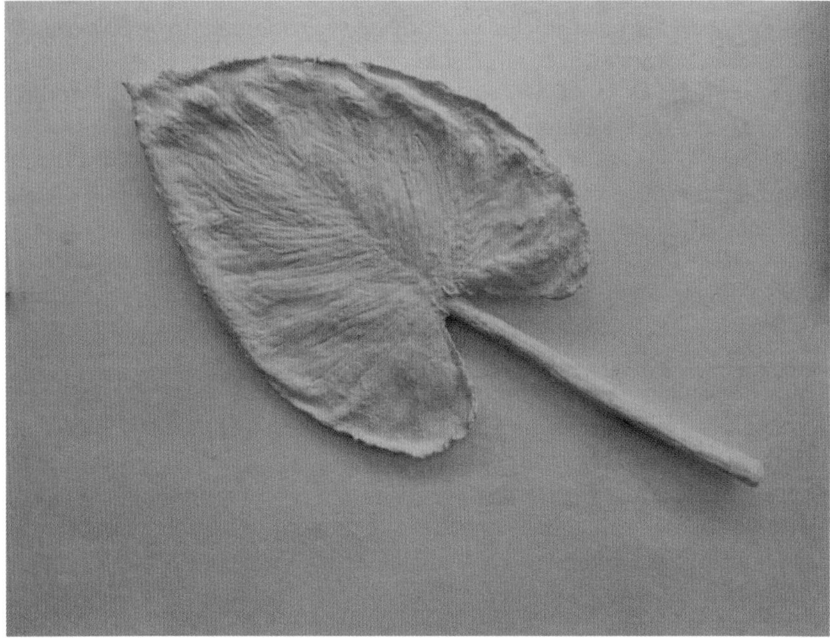

Pflanzenblatt 1998, 97 x 46 cm.

zelne Blätter zu Objekten in Kunststoff. Eine vierzigteilige Werkserie entsteht. Diese Blattskulpturen umfassen das pflanzliche Originalblatt, es ist drin ent-

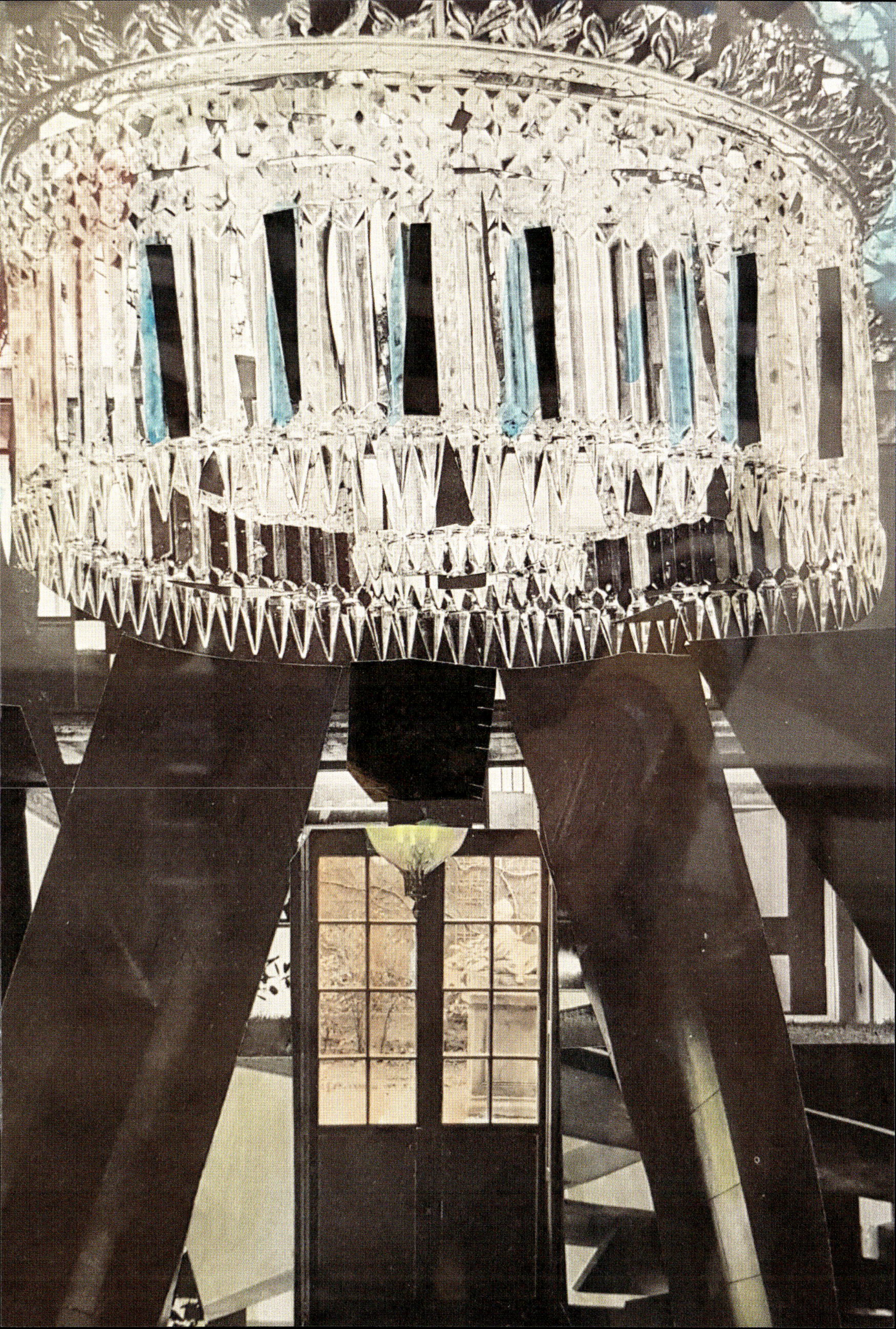

halten, nicht sichtbar, aber vorhanden. Von anderen Gewächsen übernimmt sie deren Knospenformen und schafft damit überdimensionale Kunststoff- und Glasobjekte. Reminiszenzen an den Garten, an die Natur finden sich konstant in Kellers Arbeiten.

In den achtziger Jahren übernimmt sie das Haus der Familie in Thusis, lebt vorerst teilweise dort, übersiedelt ums Jahr 2000 definitiv. Das Atelier im Künstlerhaus lässt sie den Kontakt zum Berner Kreis halten.

Ausstellungen (Auswahl)

1958 SAFFA Zürich.
Kunstmuseum Thun 1961, 1966.
1.Biennale de la Tapisserie, Lausanne 1962.
Helmhaus Zürich 1969 und 1973.
Kunsthalle Bern 1957, 63, 64, 65, 67, 68, 73, 77, 78, 80, 90, 92, 95.
Kunstmuseum Bern 1971, 1984 und 1987.
Kunsthaus Grenchen 2011.
Künstlerhaus 2011, 2014 und 2017.
Galerie Krebs Bern 1969, 1973 1974, 1988, 2008.
Galerie von Gunten Thun 1989.
Berner Galerie 1970, 1974, 1976.

Werke im öffentlichen Stadtraum von Bern

Universität Bern, Nationalbank Bern, UBS Bern, Kantonales Hochbauamt, Inselspital Bern, Freies Gymnasium Neufeld.

Werke in Sammlungen

Eidgenossenschaft, Schweizerische Nationalbank, Stadt Thun, Kanton Bern, Stedelijk Museum Amsterdam, Kunstmuseum Bern.

Nachlass Stiftung Lilly Keller in Thusis, ihrem letzten Wohnort.

vorherige Seite – Collage 2016

Biografisches

1949 Kunstgewerbeschule Zürich,
bricht 1952 ab und wird freie Künstlerin.
Ab 1952 in Bern, 1953 an der Kramgasse 17.
Eidg. Stipendium für angewandte
Kunst 1953, 1955 und 1956.
Aeschlimann-Stipendium 1961.
1976–1983 mehrmonatige Reisen durch
den Iran, Afghanistan, Pakistan, Indien, Ägypten,
von Algerien durch die Sahara bis Senegal.
Ab 1985 entstehen Objekte aus Glas/Eisen, Glas/Polyurethan.

Belegung der Räume

Süd–Seite, zur Postgasse, Sicht über die Dächer resp. an die Fassaden
Postgasse 15 – 21

3. Stock Süd

Walter Schälchli	1945/1946–1962, Atelier
Meret Oppenheim	1962–1968 zusammen mit
Esther Altorfer	1964–1968, Atelier
Egbert Moehsnang	1968–1970, Wohnung
Familie Vögeli ab	1970, Wohnung

2. Stock

Egbert Moehsnang	1952–1970, Wohnung und Atelier, später nur Atelier, dazu Wohnung im 3. Stock
Familie Vögeli	1970–2010, Wohnung
Lilly Keller	2010–2017 mit
Verena Felber	2010 –2017, Atelier
Marie-Françoise Robert	ab 2018, Atelier

1. Stock

Nussbaum Robert und Anna bis 1953, Atelier und Wohnung

Walter Vögeli	1954–2009, Wohnung und Atelier, ab 1961 nur Wohnung
Marianne Vögeli	1959, Wohnung

Parterre auf Laubenhöhe:

Bis 1960 Wohn- und Lagerraum eines Lumpensammlers

Walter Vögeli	ab 1961, Atelier
Marianne Vögeli	2009, Malatelier

Keller, Zugang von der Gasse:

Dachdecker	bis 1977
Walter Vögeli	ab 1977

Nord-Seite, zur Postgasshalde, Sicht zur Aare und zum Altenberg, Salem und Rabbental

3. Stock Nord

Simon Fuhrer	1936–1942, Atelier
Judith Müller	1942–1977, Atelier
Familie Vögeli	1977–1990, Wohnung
Nick Hosig	1991–1995, Atelier
Pia Berla	2002–2006, Atelier
Marie-Françoise Robert	2007–2018, Atelier

2. Stock

Hans Jegerlehner	1944–1956, Atelier
Gottfried Lüscher	1956–1970, Atelier
Familie Vögeli ab	1970, Wohnung
Andreas Roth ab	2010, Atelier

1. Stock

Alexander Müllegg	ca. 1930 bis 1982, Atelier
Familie Vögeli	ab 1982, Atelier, Archiv

Parterre:
Dekorations- & Flachmaler Schmuki bis 1939

Elsa Stauffer	1939–1984, Atelier und Wohnung
Walter Vögeli	ab 1984, Atelier
Ausstellungsraum	ab 1986

Untergeschoss:
unter Veranda und Terrasse respektive Parterre Zugang Postgasshalde 7:
Max Jauner, Antikschreiner-Werkstatt bis 1985
Ab 1986 Walter Vögeli

6 Vom Künstlerhaus in die Kunsthalle

Die Künstler:innen mit Ateliers im Künstlerhaus sind ab 1918, dem Jahr der Kunsthalle-Eröffnung, bis in die neunziger Jahre in ständigem Kontakt mit der Kunsthalle. Doch ab den 80er Jahren bis 2004 reduzierten sich die einst engen Beziehungen auf punktuelle Kontakte. In dieser Zeitspanne sind zehn Direktoren im Amt: Robert Kieser, Max Huggler, Arnold Rüdlinger, Franz Meyer, Harald Szeemann, Carlo Huber, Johannes Gachnang, Jean-Hubert Martin, Ulrich Loock und Bernhard Fibicher.

1918, das Gründungsjahr der Kunsthalle Bern. Im Oktober die Eröffnungsausstellung. Gottfried Lüscher ist einer der eingeladenen Künstler. An den jährlichen und jurierten *Weihnachtsausstellungen bernischer Maler und Bildhauer,* so werden sie damals noch genannt, nimmt er 22 und 28 teil. 27 ist er in einer Gruppenausstellung vertreten, ebenso 40 in der *Schweizerischen Ausstellung alpiner Kunst*. Da kommt der zweite Künstler mit Atelier im Künstlerhaus dazu, Alexander Müllegg. Für ihn ist es die erste Ausstellung in der Kunsthalle, für Lüscher die letzte, obschon er nachweislich bis 62 weiterhin an verschiedenen Orten ausstellt. Müllegg ist bis 1975 55-mal an Ausstellungen in der Kunsthalle vertreten, 25 Jahre sitzt er in deren Vorstand. Bis 71 ist er, mit einer einzigen Ausnahme im Jahr 33, an jeder Weihnachtsausstellung vertreten. Hans Jegerlehner kommt 1935 dazu, zwei Jahre sind er und Müllegg zu zweit dabei, 38, 40 und 41 kommt

KUNSTHALLE

Elsa Stauffer dazu, ebenfalls 41 gesellt sich Judith Müller als Vierte der im Künstlerhaus Arbeitenden dazu, 43 Simon Fuhrer, 46 Walter Schälchli. In den 40er Jahren sind es meist fünf, die ihre Bilder vom Künstlerhaus an der Postgasse in die Kunsthalle am Helvetiaplatz tragen, um an den Weihnachtsausstellungen teilzunehmen. In den 50er Jahren und ziemlich konstant bis in die späten 60er Jahre sind es jeweils sechs, in wechselnder Besetzung. Lilly Keller stellt 10-mal aus, Walter Vögeli 13-mal.

Während gut 25 Jahren sind also Künstler:innen des Künstlerhauses an den jurierten Weihnachtsausstellungen konstant präsent. Auch wenn sie nie als Künstler:innen des Künstlerhauses auftreten oder sich als solche benennen, sondern durchwegs als Einzelpersonen auftreten, ist doch bemerkenswert, wie ihr Schaffen, ausgehend von ihren Ateliers Raum und Resonanz findet in der Kunsthalle. Erst 1980 und 81, 84 und 85, 87 bis 89, dann 93 und 94 sind keine Künstler:innen aus dem Künstlerhaus mehr beteiligt. Keller ist noch 95, Vögeli 2000 und Marie-Françoise Robert ebenfalls 04 vertreten.

In fünf frühen Gruppenausstellungen, die der Werkpräsentation ausgewählter Künstler:innen gelten, sind drei vom Künstlerhaus dabei, 1927 Lüscher, 31, 37, 40 und 46 Müllegg und 46 Jegerlehner.

Eine Einzelausstellung wird, bezogen auf die Künstler:innen des Künstlerhauses, 1984 einzig Meret Oppenheim zuteil.

Abgesehen von den Weihnachtsausstellungen, den fünf Gruppenausstellungen und Oppenheims Einzelausstellung sind in den Jahren 37 bis 87 folgende thematische Ausstellungen mit Beteiligung von im Künstlerhaus arbeitenden Künstler:innen zu verzeichnen:

1937 Regionale Ausstellung des Schweiz. Kunstvereins: Jegerlehner, Müllegg
1940 3. Schweiz. Ausstellung alpiner Kunst: Jegerlehner, Lüscher, Müllegg
1940 Ausstellung der Gesellschaft Schweiz. Maler, Bildhauer und Architekten GSMBA: Jegerlehner
1941 Kunstausstellung der Schweiz. Nationalspende für Soldaten: Jegerlehner, Müllegg
1943 Kunstwerke aus Bernischem Besitz: Jegerlehner, Müllegg, Stauffer
1943 Gesamtausstellung Leo Steck / Plastik Elsa Stauffer
1945 Junge Berner Künstler: Fuhrer
1947 Kunstwerke aus Bernischem Staatsbesitz: Jegerlehner, Müllegg
1949 Moderne Handzeichnungen von Schweiz. Künstlern: Fuhrer, Jegerlehner, Müllegg
1951 Schweizer Kunstausstellung: Jegerlehner, Fuhrer

1953 Berner Kunst nach Hodler: Müllegg
1954 Gesellschaft Schweiz. Malerinnen, Bildhauerinnen, Kunstgewerblerinnen GSMBK: Stauffer, Müller
1955 Junge Berner Künstler: Moehsnang, Müller, Vögeli
1956 Moderne Schweizerische Bildniskunst: Müllegg
1957 Die Zeichnung im Schaffen jüngerer Schweizer Maler und Bildhauer: Moehsnang, Müller, Vögeli
1963 GSMBK: Müller
1966 Phantastische Kunst – Surrealismus: Oppenheim
1968 20 Jahre Kunstpflege der Stadt Bern: Altorfer, Fuhrer, Jegerlehner, Keller, Müllegg, Müller, Schälchli, Vögeli
1971 Berner Künstlerinnen: Müller
1973 Tell 73 Gruppenausstellung Schweiz. Künstler:innen: Keller, Oppenheim
1975 2. Berner Kunstausstellung: Müllegg, Vögeli
1977 3. Berner Kunstausstellung: Keller, Oppenheim
1978 4. Berner Kunstausstellung: Moehsnang
1980 6. Berner Kunstausstellung: Keller, Oppenheim
1986 12. Berner Kunstausstellung – Sektionsausstellung GSMBA Bern: Vögeli
1987 13. Berner Kunstausstellung – Bern 1966–1987: Vögeli

7 Die Ausstellungen im Haus

Der ersten im Parterreraum 1986 durchgeführten Ausstellung folgten bis 2022 um die 50 Einzel- und Gruppenausstellungen. Eine Auswahl:

1986 *bianchi-neri*: Walter Vögeli, Wandobjekte; Iris Gerber Ritter, Klavier; Margrit Zimmermann, Komposition[2]

1990 Walter Vögeli: *Zerlegte Würfel*; Werke mit neuer Technik

2001 Walter Vögeli: *altes und neues*; Kleinplastiken, Tuschzeichnungen, Eisenplastiken, Polyesterobjekte

2005 Walter Vögeli: *Bilder – 1950 bis heute*

AUSSTELLUNGEN

2009 Marie-Françoise Robert: *Alte Klänge – Neue Werke;* Collagen

2011 *70 Jahre Künstlerhaus*, zusammengestellt von Marianne Vögeli

2 Ausstellungs- und Musikkonzept in weiss-schwarz, Iris Gerber Ritter spielt die Klavieretüden bianchi-neri der Berner Komponistin Margrit Zimmermann (1927-2020), Walter Vögeli zeigt seine s/w Schnitte durch gefüllte Räume (Kunstharz, Holz). Dazu erschien ein Katalog mit Abbildungen der Kompositionen in M. Zimmermanns Handschrift, der Werke W. Vögelis und verschiedenen Texten: BIANCHI-NERI, zu beziehen über gerber.iris@gmx.ch

2015 Jahresausstellung der SGBK, der Schweiz. Gesellschaft Bildender Künstlerinnen, Sektion Bern

2016– 2019/21 von Marianne und Christine Vögeli kuratierte Ausstellungen mit Themenvorgabe

2020 *Vincent O. Carter – a traceable line*: Zeichnungen; kuratiert von Nurja G. Ritter und Iris Gerber Ritter

2022 *Egbert Moehsnang – In die Abstraktion*: Moehsnangs Zeit im Künstlerhaus; kuratiert von Nurja G. Ritter und Iris Gerber Ritter

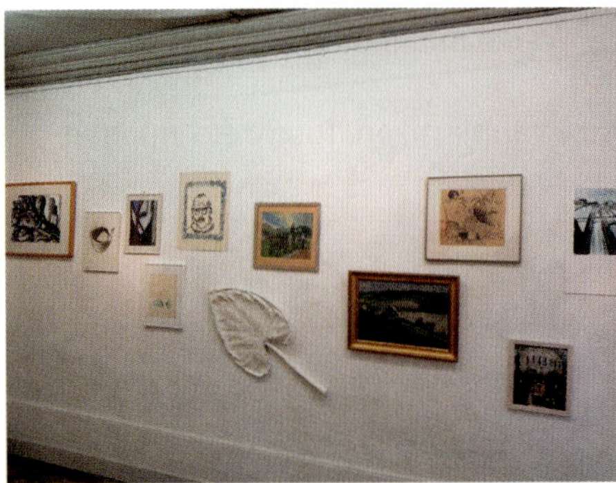

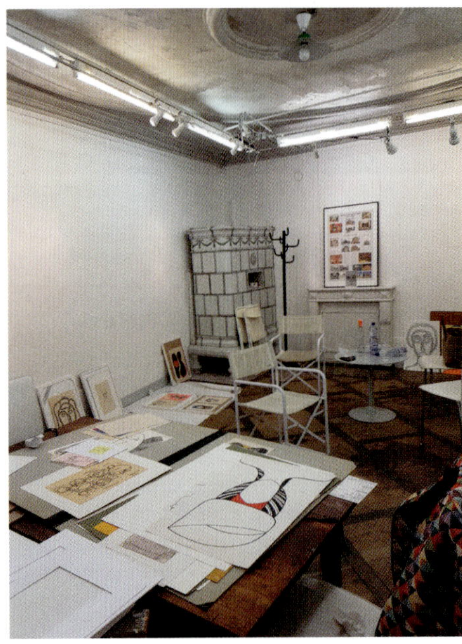

oben – Ausstellung 2019 mit v.l.n.r. Piero Gerber, Lise Jenni, ebenso, Dolores Wyss, Toni Grieb, Lilly Keller, T. Grieb, M. Böhlen, T. Grieb, L. Keller, Raoul Ris.
unten – Ausstellungsaufbau zu *Vincent O. Carter – a traceable line.*

8 Der Künstlerhaus-Umkreis

Verbindungen unter den im Künstlerhaus arbeitenden Künstler:innen gab es ganz selbstverständlich über die Nähe im Haus. Zudem kannte man sich von Ausstellungsbesuchen und gemeinsamen Ausstellungsbeteiligungen, namentlich in der Kunsthalle, vom Altstadt- und Künstler:innenleben. Von gegenseitigen Besuchen und der Aufmerksamkeit für das gegenseitige Tun kann ausgegangen werden, jedoch ist aus den 1940er und 50er Jahren nichts, und ab den sechziger Jahren nur wenig bekannt, was das Verhältnis untereinander betrifft.

Obschon örtlich und zeitgleich miteinander gelebt wurde, entstand kaum Zusammenarbeit und schon gar kein Verschmelzen zur Gruppe. Wo es nicht die Sachebene betraf, so kann angenommen werden, hat man sich abgeschottet.

Vom Künstlerhaus als von einer Künstlerkolonie zu sprechen, wäre verfehlt. Es gab nie ein gemeinsames Auftreten unter dieser Bezeichnung. Die

UMKREIS

Ausstellung *70 Jahre Künstlerhaus* im Jahr 2011 kann nicht als ein solches gelten, da sie rein retrospektiv einen Überblick zeigte und nicht eine Initiative der anwesenden Künstler:innen war. Wer im Atelier arbeitete und wohnte, bildete mit den Hausgenoss:innen keine Lebensgemeinschaft, die über übliche nachbarschaftliche Beziehungen hinausgewachsen wäre und sich zu einer Künstlerkolonie entwickelt hätte. Für das Empfinden eines Zugehörigkeitsgefühls waren die Beziehungen zu lose und distanziert. Auch ist die Verschiedenheit der künstlerischen Identitäten gross, das Spektrum weit. Künstlerischer Austausch geschah punktuell, bei gemeinsamen Beteiligungen an den Weihnachtsausstellungen in der Kunsthalle beispielsweise oder bei Aktionen wie dem *Künstlerfest auf der Lueg*[1] *von 1966*. Doch waren auch diese nicht zusammen geplante, unter dem Label Künstlerhaus laufende Auftritte.

Zusammen- oder Gemeinschaftsarbeiten im eigentlichen Sinn sind nicht entstanden. Höchstens Werkergänzungen können erwähnt werden, wie Meret Oppenheims Objekt *Löffel und Kaminschaufel für Hexenküche* von 1959. Sie zeichnete und schnitzte den Löffel aus Holz, Walter Vögeli führte die Kaminschaufel als Schmiedearbeit dazu aus. Für Oppenheims Stabelle *Läbchuechegluschti* von 1967 webte Lilly Keller das Lebkuchen-Kissen.

Oppenheim und Esther Altorfer waren gemeinsame Mieterinnen des Ateliers im dritten Stock. Trotz der verschiedenen Alter, Oppenheim mit Jahrgang 1913, Altorfer 1936, sind gegenseitige Ähnlichkeiten erkennbar, im Werk einerseits, namentlich dem zeichnerischen, andererseits im Erleben langer Krisen und darum entsprechendem Verständnis psychischer Krankheit. Oppenheim hatte zu dieser Zeit ihre jahrelange Depression überwunden, war gerade dadurch aber befähigt zu erkennen und zu stützen. Die längeren gemeinsamen Aufenthalte in Oppenheims Tessiner Haus in Carona und das gemeinsame Atelier an der Postgasse konnten Altorfer ein Stück weit Halt gegeben und sie zur Weiterarbeit an ihrem Werk motiviert haben.

Lilly Keller und Verena Felber waren wie Oppenheim und Altorfer Mieterinnen eines gemeinsamen Ateliers. Die vier kannten sich seit den frühen 60er Jahren und waren freundschaftlich miteinander verbunden. Anders als Oppenheim und Altorfer, die sich in der zeitlichen Benützung des Raumes meist ablösten, verabredeten sich Keller und Felber zum gemeinsamen Kochen und Essen in ihrem Atelier, um nachher zusammen an Vernissagen oder Ausstellungen zu gehen.

1 Das Künstlerfest auf der Lueg war ein eintägiges 'Festival von Lebenskunst, eine Demonstration von künstlerischer Kameradschaft und Ungezwungenheit' (Zitat aus: Schweizer Illustrierte vom 7. 11.1966), das im Oktober 1966 stattfand. Rund 30 Stadt-Berner Kunstschaffende beteiligten sich, u.a.: Urs Dickerhoff, Herbert Distel, Rolf Dörig, May Fasnacht, Sergius Golowin, Toni Grieb, Lilly Keller, Paul Lehmann, Elisabeth Leuenberger, Bernhard Luginbühl, Ursi Luginbühl-Koelner, Christian Megert, Rudolf Mumprecht, Meret Oppenheim, Jimmy Schneider, Walter Vögeli, Willy Weber, Ricco Wassmer, Peter von Wattenwyl.

Allen vieren war das Atelier im Künstlerhaus ein pied-à-terre in der Stadt. Altorfer arbeitete hauptsächlich in ihrer Wohnung an der Gerechtigkeitsgasse, Keller an ihrem Wohnort in Montet/Cudrefin, Felber am Murten-, Oppenheim am Thunersee und in weiteren Ateliers. Gerade weil alle vier Künstlerinnen hauptsächlich plastisch arbeiteten, brauchten sie geeignetere Räume als die im Künstlerhaus vorhandenen. An die Postgasse kamen sie für kleinere Arbeitsformate, vielfach auf und mit Papier. Keller arbeitete an den ihr Werk begleitenden Büchern, Felber, Oppenheim und Altorfer zeichneten, malten und schrieben. Sie kamen für die gesellschaftlichen Anlässe, aber auch zum arbeitsamen Rückzug.

Man kannte sich nicht nur vom Kunstbetrieb her, auch von den Beizen, Commerce, Falken, Pyrénées, Webern und Krone, alle im Umkreis weniger hundert Meter. Man lebte nahe beieinander, wohnte in der Unteren Altstadt, hatte sein Atelier in einer der Gassen, die entsprechenden Galerien auch und die Kunsthalle nicht weit davon entfernt.

In den 60er und 70er Jahren orientierten sich Künstler:innen gerne an einem bohèmehaften Leben. Kein Geld zu haben war anerkannt, Geld zu haben eher verdächtig. Antibürgerliches Statement in Erscheinung und Gehabe wurde sichtlich zelebriert, diskussionsfreudig und -wütig.

Szene verändernd wirkte sich in den 70er Jahren die persönliche und politische Sehnsucht nach einem alternativen Leben im Drang vieler zu Selbstverwirklichung und Selbstversorgung aus. Zusätzlich bedrängt durch eine die Altstadt ergreifende Gentrifizierungswelle mit Atelier- und Wohnungskündigungen, führte dies zu Hauskäufen mit Umschwung auf dem Land. Bauernhäuser wurden ausgebaut, Tiere zugelegt, aus Gärten und Umschwung selbstversorgend gelebt. Für grosse Plastiken war Platz vorhanden. Wegen des geografisch erweiterten Kreises dünnten manche Freundschaften aus. Umgekehrt führte die Stadtflucht zu Projekten ausserhalb der üblichen Altstadtkeller und -galerien, nämlich in der Landschaft, wie beispielsweise das erwähnte *Künstlerfest auf der Lueg*.

Personen

Kurzzeitige Zuzüger:innen, Assistent:innen für die Dauer einer Werkentstehung, Begleiter:innen mit kollegialen, freundschaftlichen Verbindungen zu einer/einem Einzelnen und dessen/deren Atelier skizzieren den Umkreis ähnlich Gesinnter. Einige davon haben sich dem Haus in irgendeiner Art eingeschrieben und damit eine gewisse Präsenz bewahrt, sei es mit hier verbliebenen Werken, sei es in Wand-, Mauerinschriften oder mit angepinnt gebliebenen Plakaten mit Namen oder Portraits. Nachfolgend seien nun einige Mitglieder aus dem Umkreis des Künstlerhauses vorgestellt Die Auflistung kann allerdings nicht vollständig sein und hat auch nicht den Anspruch, ein repräsentatives Bild des Künstler:innenkreises zu geben. Ebenso sind die Erwähnungen zu den aufgeführten Personen keineswegs umfassend, sie zielen lediglich auf den Bezug zum Künstlerhaus ab und auf die betreffende Zeit.

Althaus, Peter F. (1931–2023)

Leiter des Kunstmuseums Luzern 1959–1968, 1968–1973 Direktor der Kunsthalle Basel, 1964–1986 Chefredakteur der *Kunstnachrichten*, Kunstkritiker, Dozent. Beteiligung an der Galerie 33 während der 50er Jahre. Verfasser des Artikels im Katalog zur interdisziplinären Ausstellung *bianchi-neri* 1986.

Arni, Greti (1924–2018)

Künstlerin; Malerei, Zeichnung, Keramik. 1947–1952 an der Malschule Max von Mühlenen, 48 in Paris an der Malschule André Lhote und an der Académie de la Grande Chaumière. Keramikausbildung in Faenza, Italien.
Ausstellungen (Auswahl): SAFFA in Zürich 1958, Kunstmuseum Thun: Hommage à Max von Mühlenen 1977, Kunsthalle Bern, u.a. an mehreren Jahres- und Berner Kunstausstellungen, Junge Berner Künstler 1955, 7 Räume – 7 Künstler – 7 Ateliers 1978.
Nachlass bei ArchivArte Bern.
Freundschaftskreis der Künstlerinnen Rena Hubacher, Elsbeth Gysi und Judith Müller.

Bezzola, Leonardo (1929–2018)

Fotograf. Seine drei Fotobände *Clic* von 1978, 92 und 2012 zeigen die Berner Kulturszene dieser Jahre, Künstler:innen des Künstlerhauses als Teil davon.
Bezzola dokumentierte Vögelis Werk und die Familie.

Baumann, Margrit (*1929)

Fotografin, Pressefotografin, später freischaffend. U.a. die Publikation *Die Welt sehen. Fotoreportagen 1945–2000*, Margrit & Ernst Baumann, 2010. Filme, div. Ausstellungen.
Werkfotos zu Vögelis Plastiken.

Carter, Vincent O. (1924–1983)

Schriftsteller und Zeichner. Geboren und aufgewachsen in Kansas City (USA), kommt 1953 nach Bern, wohnt am Nydeggstalden, später an der Brunngasse. Egbert Moehsnang ist einer seiner ersten und engsten Berner Freunde. Autor von *The Bern Book: A Record of a Voyage of the Mind*, das er gleich nach seiner Ankunft in Bern zu schreiben beginnt und 1957 abschliesst. Veröffentlicht wird es erst 1973 in New York. In deutscher Übersetzung erscheint es 2021 unter dem Titel *Das Bern Buch – Meine weisse Stadt und ich* beim Limmat Verlag Zürich. *Such sweet Thunder,* ein 1963 abgeschlossenes Manuskript, erscheint 2003 in den USA, die deutsche Übersetzung ist in Bearbeitung. Zwei weitere Manuskripte bleiben unveröffentlicht. In den 70er Jahren verlagert er seine Kreativität vom Schreiben auf das Zeichnen. Es entsteht ein umfangreiches bildnerisches Œuvre.
2020 findet im Künstlerhaus eine Ausstellung seiner Zeichnungen statt, die erste seit 1983. Dazu erscheint der Katalog: *a traceable line*.

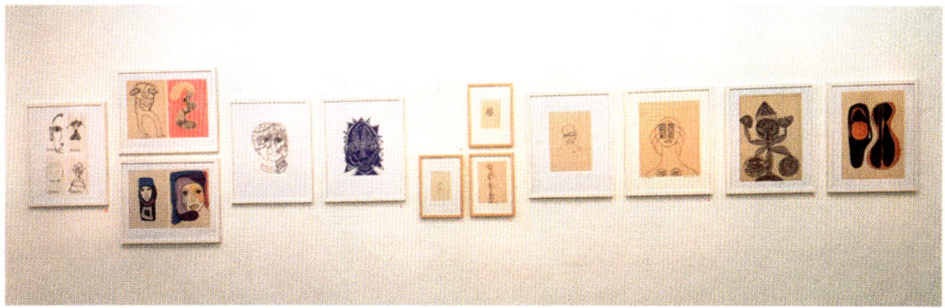

Zeichnungen von Vincent O. Carter in der Ausstellung *a traceable line* 2020

Dällenbach, Kari (1877–1931)

Der zweite Film über den Dällenbach Kari wurde 2012 im Künstlerhaus gedreht. Das Filmteam mit Regisseur Xavier Koller sah hier das originalnahe Ambiente der 30er Jahre für Dällenbachs Schlafstube und für das Wohnzimmer seiner Mutter. Eine der Dienstbotenkammern im Estrich lieferte die Kulisse für die Schlafstube, ein anderer Raum wurde mit einer stilecht kopierten Zwischenwand verkleinert zu Mutters Wohnzimmer.

Ebinger-Simmen, Eva (*1934) und Ebinger, Willi (*1939)

Kunstsammler, spezialisierte Sammler von Druckgrafiken und Plakaten von Ausstellungen im Künstlerhaus. Sammler von Walter Vögelis Werken. Eva Simmen war von 1954–1957 mit Vögeli verheiratet.

Grieb, Toni (1918–2008)

Botaniker; Landschaftskünstler, Künstler. Regisseur und Kameraführung beim Film *Der Vogel Fleming*, nach einer Idee Ricco Wassmers, mit den Darsteller:innen Lilly Keller, Irene Aebersold, Julie Mathieu, Reini Rühlin und Ricco Wassmer.
Kunst im öffentlichen Raum: Wandbild *Schulweg* an der Fassade des Schulhauses Stöckacker 1960.
1962 Heirat mit Lilly Keller. Sie beide vollzogen den Umzug aufs Land bereits zu Anfang der 60er Jahre, etliches früher als andere, die versuchten, als Selbstversorger zu leben. Griebs und Kellers botanisches Projekt, einen mit Tieren belebten Bambus- und Koniferenpark anzulegen, war für ihren Umzug ausschlaggebend.

Gysi, Elsbeth (1923–1997)

Künstlerin; Malerei, Zeichnung, Glasmalerei. Ab 1949 Kurse an der Malschule Max von Mühlenen, ab 1951 in Paris an der Académie de la Grande Chaumière, später an der Kunstgewerbeschule Bern. 1958 und 1963 Eidg. Kunststipendium. Ausstellungen (Auswahl): Kunsthalle Bern: Junge Berner Künstler

1955, u.a. Weihnachts- und Berner Kunstausstellungen. Kunstmuseum Thun: Hommage à Max von Mühlenen 1977, Kunstmuseum Bern Sektionsausstellung GSMBK Bern 1986.
Mehrere Werke im öffentlichen Raum (Auswahl): für die Thomaskirche Liebefeld, Gemeinde Köniz, Schule Blindenmoos Schliern. Nachlass bei ArchivArte, Bern.

Hubacher, Rena (1916–1987)

Künstlerin; Malerei, Zeichnung, Lithografie, Buchillustratorin z. B. *La Ronde des Loisirs*, 1947 in Zusammenarbeit mit vierzehn weiteren Künster:innen entstanden.
Ausbildung an der Kunstgewerbeschule Zürich u.a. bei Max Gubler, an der Académie Rançon in Paris, in Bern bei Max von Mühlenen. Mehrere Studienreisen nach Afrika und Tobago und Trinidad.
Zwischen 1942 und 1984 ist sie an 35 Ausstellungen der Kunsthalle Bern beteiligt. Sektionspräsidentin Bern der GSMBK, unterrichtete Zeichnen und Puppenspiel.
Künstlerkollegin und Freundin von Judith Müller, Elsbeth Gysi und Greti Arni.

Lischetti, Carlo E. (1946–2005)

Maler, Bildhauer, Aktionskünstler. Im ersten Stock zur Gasse hin schrieb er mit Bleistift direkt auf die Wand Hier sein heisst dort sein können. Der Schriftzug ist seither geblieben, im Gegensatz zum gleichnamigen Weg, den Lischetti an der Aare gestaltete.
Dazu ein Essay aus *Augustos Füsse* von Iris Gerber Ritter.

> Wege zum Heimkommen und Wege zum Weggehen. Kaum einer ist beides gleichermassen.
> Bloss einer war, der ging nicht und kam nicht, war einfach nur da. Bis ihn die Natur sich wieder aneignete.
> Nicht weit vom Fussgängersteg über den Fluss entfernt, am linken Aareufer und auf unterster Ebene des hier leicht terrassierten Geländes, da wo die dunklen, schweren Bäume den Sonnenstrahlen kaum Chancen geben, gegen die Feuchtigkeit

anzukommen, verlief einmal ein skurriler, einzigartiger Weg. Blosse zwanzig Meter lang führte er von seinem Anfang zu seinem Ende, ging von nirgends aus nach nirgends hin, begann und hörte wieder auf, einfach so. War man ihn bis zu seinem Ende gefolgt, konnte man wenden, vom hier erreichten Nirgends zurück gehen und nach den zwanzig Metern ankommen beim anderen Nirgends.
Was ihn allein zum Weg machte, war nicht das gekieste Band im wilden Gras, sondern die an seinem Anfang und Ende stehenden Stangen mit den angebrachten Aluminiumschildern, auf denen zu lesen war: Hier sein heisst dort sein können. An beiden Wegenden das Gleiche: Hier sein heisst dort sein können.
Wo doch Wege immer sind, wo Häuser, Adressen und Orte auch sind, die einen mit den andern verbindend. Hier aber war nie und ist auch heute kein Haus, also ist auch keine Adresse. Hierhin kommt keiner nach Hause, keiner wartet auf Post, niemand hat hier zu tun. Hier ist kein Ort.
Für einen Weg wie diesen am Aarebord gibt es eigentlich keinen Grund. Ausser man schickt Gedanken auf ihn und lässt die Füsse ihnen schlendernd hintendrein folgen. Hier-sein-heisst-dort-sein-können.
Könnte ich also, auch wenn ich zwar hier bin, ebenso gut dort sein? Könnte mein Hier bloss Zufall sein? Oder ists eine wie auch immer geartete Lösung, Last oder eigener Wunsch? Oder wäre dort die Lösung, Wunsch? Mein Hier ist den Andern ihr Dort, meinem Dort steht das Hier der Andern gegenüber.
Warum hier oder dort, warum nicht die Gleichzeitigkeit? Dazu die Nichtörtlichkeit des Hier-sein-heisst-dort-sein-Könnens? In Gedanken, Gefühlen hat man sie, in Träumen, im Kopf und im Sinn.
Schon vor Jahren standen vom philosophischen Weg am feuchten Aareufer nur noch die Stangen. Das eine Schild war längst weg, vom anderen bloss noch ein Fragment. Das rechte Drittel, gebrochen durchs zu schwache Material, lag unterhalb der Stange im Gras. Auf zwei Zeilen je die Enden heisst und können. So hat sich die Philosophie im Material geteilt in Hier sein – dort sein und heisst – können.
Die Stangen stehen heute auch nicht mehr und die Natur hat sich den gekiesten Boden zurückerobert. Philosophie hat mit

Materie nie viel zu tun. Der zeitweilig durch die Präsenz des Weges entstandene Ort ist wieder keiner mehr, und der Weg hat sich selbst in seinen Grundsatz, in seinen Gedanken verwandelt. Der Weg ist weg, und weiter als weg kann er nicht gehen.
Iris Gerber Ritter, ein Essay aus *Augustos Füsse*, Edition bianchineri 2016

Oben an der Postgasse installierte Lischetti um den Brunnenstock eine steile, eiserne Treppe. Wer sie besteigt, wird für Momente zur Brunnenfigur. Neun Jahre vorher, 1983, legte er seine Eisenplastik Münsterplattform, den Schattenriss des Münsters, in ein Rasenstück der Münsterplattform.

Luginbühl, Bernhard (1929–2011)

Eisenplastiker. Bildhauerlehre und Kunstgewerbeschule in Bern. Ausstellungshelfer in der Kunsthalle in der Zeit Arnold Rüdlingers. Zu seinen abstrakten, raumgreifenden Eisenplastiken entsteht ein grafisches und zeichnerisches Werk, vielfach in Bezug zum plastischen. Enge Zusammenarbeit mit Jean Tinguely bei Projekten, Ausstellungen und einem Film. 1976–1983 Verbrennungsaktionen *Zorn* als politische Statements. 1989, 2003 Retrospektive/Werkschau im Kunstmuseum Bern. Skulpturenpark an seinem ehemaligen Wohnort Mötschwil. Verheiratet mit der Künstlerin Ursi Luginbühl Koelner.

Luginbühl Koelner, Ursi (1936–2017)

Künstlerin; Töpferin. Töpferlehre bei Margrit Linck 1954–1957, Keramikatelier Jouve, Aix-en-Provence 57, eigenes Atelier in Moosseedorf 58, ab 1965 in Mötschwil. Plastiken in Keramik, Porzellan und Bronze, mehrheitlich grosse Gefässe und Figuren. Rege Ausstellungstätigkeit im In- und Ausland von 1965 bis 2012.

Mathieu, Julie (*1942)

Künstlerin; Malerin. Studien an der Malschule Max von Mühlenen und an der Hochschule der Künste Bern bei Toni Grieb und Hans Schwarzenbach. Spielte in Griebs Film *Der Vogel Fleming* als Schauspielerin mit. Seit 1982 als freie

Künstlerin und Filmemacherin tätig, lebt und arbeitet mit Lucas Zbinden, (*1942), Illustrator, Filmemacher, Künstler zusammen. Teilnahme beider an den Gruppenausstellungen 2017–2019 im Künstlerhaus.

Nizon, Paul (*1929)

Kunsthistoriker, Schriftsteller. Artikel im Tagesanzeiger-Magazin Kunststoff-Kunst – Paul Nizon über Walter Vögeli und sein Polymodul, Fotos Leonardo Bezzola 1970. Verkehrte als Gast und Freund im Künstlerhaus.
1987 Buchpublikation *Moehsnang* zur Ausstellung im Kunstmuseum Bern im gleichen Jahr, Text Moehsnang/Nizon (Herausgeber), Haupt Verlag Bern.
2003 Vorwort zum zweiten Buch *Moehsnang: Das Buch als Gesamtkunstwerk*, Text Egbert Moehsnang, Stämpfli Verlag AG Bern.

Roth, Max (*1954)

Künstler. Während der Ausbildung an der Schule für Gestaltung 1975–1977 Assistenz beim Eisenplastiker Jimmy Schneider bis 1980, von 1979–1981 Assistenz bei W. Vögeli zum *Torsierten Turm* aus rotem Backstein, Modell für die Wettbewerbseingabe für die ehemalige Hasler AG. Nach einem längeren Aufenthalt in Mexiko wohnte er zusammen mit seiner damaligen Partnerin Elisabeth Zahnd für einige Wochen im Künstlerhaus.

Rühlin, Reini (*1941)

Künstler; Malerei, Zeichnung, Grafik, Objekt, lebt in Villars-le-Grand. Wird 1968 selbständiger Künstler, nachdem er am Stadttheater Basel und ab 1961 am Stadttheater Bern im Malersaal der Bühnenbildner arbeitete. Ab 62 in freundschaftlichen Kontakten vor allem mit Oppenheim, Altorfer, W. und M. Vögeli, verkehrt häufig zu Besuchen im Künstlerhaus. Hin und wieder übernachtete er in einer der Estrichkammern.
Aeschlimann-Stipendien der Stadt Bern 1972 und 1975.
1982 nimmt er in *Hommage à Meret* deren Pelztasse auf, ironisiert und wandelt sie in der Art eines Trompe-l'oeuils, indem er eine Tasse mit Unterteller und Löffel in und auf eine Bodenmatte alias Tischset arbeitet und bemalt.

Zwei seiner *Gabelschrecken* aus dem Jahr 2009, zwei *Steinkäfer* und ein 10 x 10 cm grosses *Gemälde – Feuerbusch* könnte es betitelt sein – sind im Künstlerhaus geblieben, zudem zwei Plakate. Eines zeigt sein Profil aus dem Jahr 1971, das andere ist zum Film *Der Vogel Fleming*.
Rühlin war im Künstlerhaus an diversen Gruppenausstellungen beteiligt.
Kunst im öffentlichen Raum Berns: Wandbilder in den blinden Fenstern des Matte Schulhauses, *Harlekinaden*, 83.
Einzelausstellungen (auf Bern bezogen) in den Galerien Schindler, Krebs, Rigassi und der Berner Galerie.

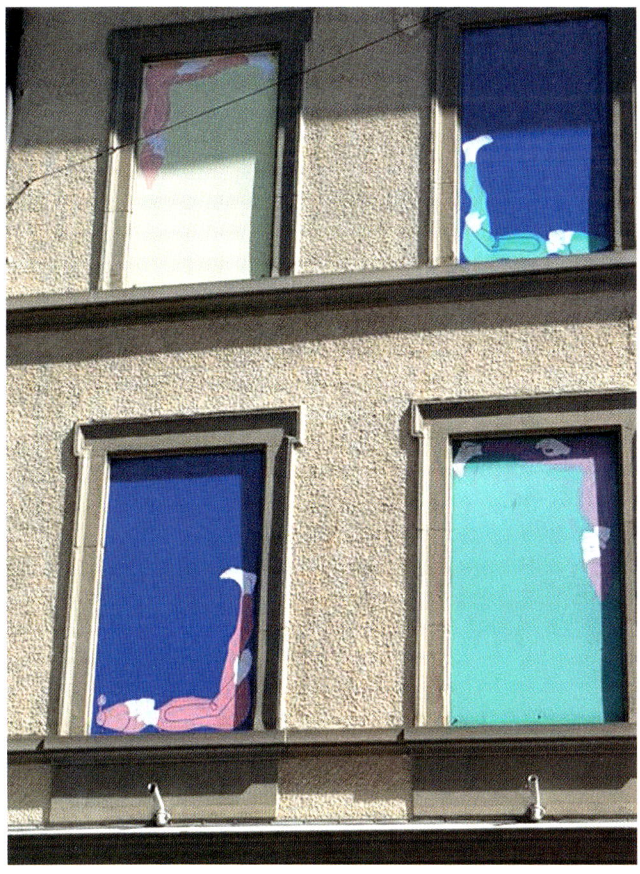

Harlekinaden, übermalt 2023.

Schneider, Jimmy (1923–1995)

Künstler; Eisenplastiker, Zeichner, Maler Ausbildung zum Schlosser, Kunstgewerbeschule Bern, Eisenplastiker im Kreis um Luginbühl und Vögeli. In seinem Atelier an der Postgasse 6 assistierte ihm Max Roth, der dort zu schweissen lernte.

Spoerri, Daniel (*1930)

Künstler. War in den 50er Jahren Solotänzer am Stadttheater, inszenierte im Kellertheater an der Kramgasse Picassos Stück *Wie man Wünsche beim Schwanz packt* mit Nick Hosig, Lilly Keller, Meret Oppenheim und Esther Wirz-Thormann als Schauspielerinnen, gab Tanzkurse im Studio von Beatrice Tschumi an der Rathausgasse, heute Irmak Teppichhaus. Zog nach Paris, begann Ende der 50er Jahre mit seinen Fallenbildern.

Wassmer, Ricco (1915–1972)

Künstler, Maler. Signiert ab 1946 seine Bilder mit einem kleinen Anker, als Zeichen seiner Verbundenheit zum Segeln und Reisen. Überquert die Weltmeere auf Frachtern als Küchengehilfe. Seine Bilder sind dem Surrealismus und magischen Realismus zuzuordnen, voller Symbole und andeutenden Metaphern. Nach einem dreijährigen Studium an der freien Académie Ranson in Paris, kriegsbedingte Rückkehr nach Bern, Besuch der Malschule Max von Mühlenen. Ausstellungen in der Kunsthalle 1945, 53 und 69 und im Kunstmuseum Bern 2002, 09 und 15 zu seinem 100. Geburtstag. Zum Film *Der Vogel Fleming* gibt er die Idee und spielt den Erzähler, Spielort ist sein Elternhaus Schloss Bremgarten bei Bern.

von Wattenwyl, Peter (1942–2014)

Künstler; Plastiker, Maler. Atelier an der Postgasse 6. Vögeli schweisste ihm mehrere Gestelle als Arbeitsinstrumente für die Herstellung der verspielten, bunten Polyesterskulpturen *Fabelwesen*, die über längere Zeit als Kunst am Bau im Shoppyland Schönbühl standen.

Winzeler, Helmut (1928-2001)

Sein grossflächiger Holztisch ist in Bern geblieben und steht im Künstlerhaus im 1. Stock, er würde ihn später mal holen, meinte Winzeler bevor er nach Amsterdam auswanderte und dort das *Café Bern* gründete. Vorbild dazu waren das Commerce und das Café des Pyrénées in Bern. 'He once ran a 'stadtbekannter' Jazz cellar in Bern', Zitat aus der Homepage des *Café Bern* in Amsterdam, gemeint ist die heutige Fussballbar *GOAL* an der Junkerngasse 1. Winzeler war Physiker im Cern, stieg dort aus, weil er dessen Forschung als nicht mehr verantwortbar erachtete.

Wirz Thormann, Esther (*1933)

Schauspielerin, Lyrikerin. Spielte 1956 in Picassos Theaterstück *Wie man Wünsche beim Schwanz packt* mit. Verheiratet mit dem Atelier5-Architekten Fritz Thormann, Buchpublikation *Wohnort Halen* zusammen mit Fritz Thormann und Leonardo Bezzola. Mehrere Gedichtbände, darunter *Zugvogel* mit Kaltnadelradierungen von Daniel de Quervain.

Zahnd, Elisabeth (*1957)

Fotografin, Künstlerin. Fotografierte Walter Vögelis Bilder, das malerische Frühwerk für seinen *Werkkatalog*, 1984. Kunst im öffentlichen Raum, bezogen auf Bern: In der Kirche St. Peter und Paul an der Rathausgasse *Marienbild, Fisch* in der Schule für Erwachsenenbildung Postgasse, *Insekten* Bauinspektorat Bundesgasse 38.

9 Zeit – Wandel

Der Zeitfluss zeigt sich im Marginalen. Ränder neigen zum Fransen und Bröseln, wo Zentren noch fest zusammenzuhalten vermögen. Zentren ballen sich, knäueln, klumpen, legen Wert auf Diversität, und Definition. Fransen suchen die Weite, örtliche oder inhaltliche, kann sein auch die Dekoration, das Umspielende. Fransen sind wie kleine ausgestreckte Arme, Fäden wie die Hände, die sich noch halten, die sich aber ebenso gut strecken wollen, um weiterzutasten, an Neuem sich anzuwuseln, sich anbindend und weiterknüpfend.

Bezogen auf die Künstler:innen der Künstlerhaus-Ateliers, an welchen Zentren haben sie sich orientiert, nach welchen gestrebt?

In der ersten Hälfte des letzten Jahrhunderts ist Bern keine Kunststadt, die Stadt verfügt weder über eine städtische beziehungsweise kantonale Kunstschule noch über Galerien, die aktuelles Schaffen und neue Strömungen zeigen. Die Kunsthalle wird erst 1918 eröffnet. Hingegen unterrichten ab 15 Victor Surbek (1885–1975) und Marguerite Frey-Surbek (1886–1981) an ihrer privaten Malschule im Dachstock des Kornhauses, Max von Mühlenen (1903–1971) übernimmt sie von 1940 an und führt sie unter seinem Namen weiter bis 64, wo sie der neu gegründeten Kunstgewerbeschule Bern angegliedert wird.

ZEIT – WANDEL

Kunstzentren mit magnetischer Anziehung sind München und Paris. Vor allem in Paris, im Gegensatz zu Schweizer Städten, stehen Kunstschulen zur Verfügung, staatliche und, weil deren Aufnahmebedingungen oftmals empfindliche Einschränkungen stellten, Ausländer wegen nicht perfekter französischer Sprachkenntnis ausgeschlossen, Frauen generell nicht zum Studium zugelassen wurden, auch private.

Paris in den dreissiger Jahren mit dem Mehrwert der Grossstadt, des Künstlerlebens, des Austauschs, den avantgardistischen Strömungen: Elsa Stauffer, Gottfried Lüscher, Hans Jegerlehner, Meret Oppenheim arbeiten in Paris. Stauffer in Zadkines Atelier, Lüscher an der privaten Académie Julian, Jegerlehner studiert bei André Lhote in dessen Privat-Académie, Oppenheim besucht Kurse an der Académie de la Grande Chaumière[1] und verkehrt im Kreis der Surrealisten.

Bei allen sind die politische Zuspitzung, die kriegsvorbereitenden Jahre und der Ausbruch des Krieges die fatale Zäsur, die aus künstlerischer Ausbildung, aus Künstlerkontakten reisst und einen Strich unter die freie Entwicklung und Tätigkeit als Künstler:in zieht. Der Schnitt ist ein totaler. Wieder angeknüpft in Bern, oder nach dem Krieg zurück in Paris, kann nicht werden.

Stauffer hat ihren Arbeitsplatz im Bildhaueratelier von Zadkine abzubrechen und zurückzukehren. Zadkine flüchtet nach Amerika. Jegerlehner ist mehrmals und für längere Aufenthalte in Paris, er muss zurückkehren und Aktivdienst leisten. Oppenheim lebt von 32 an in Paris, erhält durch ihre dort entstandenen Werke und Auftritte hohe Anerkennung im Kreis der Surrealisten. 1937 muss sie zurückkehren.

1 Die Académie de la Grande Chaumière war eine 1904 gegründete, private Akademie. 1909 übernahmen die beiden in Paris lebenden Malerinnen Martha Stettler aus Bern und die deutsch-baltische Alice Dannenberg die Leitung und führten die Akademie bis 1943. Zur Aufnahme musste keine Prüfung absolviert werden. Die Kurse standen nach eigenen Vorlieben und zeitlichen Ressourcen zur Wahl offen. Sehr populär waren die Croquis à cinq Minutes, Skizzenkurse im Aktzeichnen nach Modellen, die im vorgegebenen Rhythmus ihre Stellung änderten. Unter vielen andern gehörten auch Alberto Giacometti, Louise Bourgeois, Germaine Richier, Victor Surbek, Irène Zurkinden und Serge Brignioni zu den Studierenden. Lehrer waren u.a. André Lhote (Leiter der eigenen Privatakademie) und Ossip Zadkine (Lehrer von Elsa Stauffer). Martha Stettler war 1909 zudem Mitbegründerin der Berner Sektion der Gesellschaft Schweizerischer Malerinnen und Bildhauerinnen GSMB, zusammen mit Hanni Bay, Caroline Müller, Clara von Rappard, Marie Rollé und Bertha Züricher. Die Académie besteht nach wie vor.

Moehsnang, aufgewachsen bei München, wird 1932 als 15-Jähriger in die Armee eingezogen, ein Jahr später in der Fliegerabwehr eingesetzt. Gegen Kriegsende kommt er in amerikanische Kriegsgefangenschaft. Das Trauma bleibt zeitlebens. Ebenso bei Schälchli, dessen Erfahrungen während des Aktivdiensts zum Entschluss führen, das Berufsleben aufzugeben und sich ausschliesslich der Malerei zu widmen. Sich in die Kunst zu retten, ist für beide der einzig gangbare Weg.

Bildinhaltlich zentral ist in der frühen Zeit des Jahrhunderts die Landschaft, das Portrait, das Stillleben und das Genrebild. Lüscher und Müllegg stehen noch fest in dieser Tradition. Jegerlehners und Schälchlis Bildsprache bricht auf und wird anders, beide suchen den neuen Ausdruck, gehen ins Flächige, in die Abstraktion. Die Zeit der schnell sich ablösenden, auch parallel verlaufenden Stile bringt eine Reihe Unterteilungen und Stilkategorien: Expressionismus, Surrealismus, Existentialismus, Konstruktivismus, Tachismus, die übergehen in Pop Art, Nouveau Réalisme, Konzeptkunst der 50er und 60er Jahre, den beiden Jahrzehnten, die sich durch Aufbruch und Experimentierfreude auszeichnen und avantgardistische Einflüsse wieder von Paris und nun auch von New York aufnehmen und umsetzen.

An Ausstellungen der Kunsthalle ist es abzulesen, dem Schaffen der Generationen der im Künstlerhaus arbeitenden Künstler:innen von den 1930er Jahren bis heute ist es zu entnehmen, der Wandel, bedingt durch die politischen, wirtschaftlichen und sozialen Friktionen des 20. Jahrhunderts, ist sichtbar.

Bewusstes Beobachten, erstauntes Bemerken zeigt mittlerweile Verschwundenes, in den Hintergrund Gerücktes auf dem Weg der Recherche durch die Vergangenheit des Künstlerhauses. Sowohl was das Haus als solches angeht, als auch, was das Kunstschaffen betrifft. Hier seien drei Punkte erwähnt:

Der Wandteppich, die Wandmalerei, das Werbeplakat

Wandteppiche, überhaupt textile Arbeiten, sind nicht verschwunden, aber unpopulär und verdrängt worden. Konnotiert mit 'Frauenkunst' und dem Denken, dass Handwerk nicht Kunstwerk sein könne, wurde und wird die Textilkunst zum Teil noch immer abgewertet und als eher unattraktiv empfunden. Eine fatale Fehleinschätzung in mindestens zweierlei Belangen. Die Teppichherstellung, das Weben, Wirken, Sticken, Knüpfen, war nie ausschliesslich

Frauensache, sondern lange ausschliesslich Männern vorbehalten und den Frauen verboten. Umso unverständlicher ist es, dass von Frauen gemachte (Textil-)Kunst, ob inhaltlich oder vom Material her, herabgewürdigt und bestenfalls als dekoratives Kunsthandwerk abgetan wurde oder wird. Lilly Keller stellte das Entwerfen und Ausführen von Wandteppichen ein, um anders, also als Künstlerin, wahrgenommen zu werden, obschon ihre Arbeiten prämiert, angekauft, auch im öffentlichen Raum platziert wurden. Die verurteilende Kritik im ihr nahen Kreis zeugt von Ignoranz.

Moehsnang entwarf 73 Wandteppiche, umgesetzt wurden sie von der Weberin Barbara Waldmann-Hebeisen. Soweit bekannt, war er nicht konfrontiert mit derartigen Vorbehalten gegenüber dieser Technik, diesem Material. Zu bedauern ist, dass nicht mancher mehr davon existiert. Ein Wasserschaden in einem Lagerraum dezimierte das Werk.

Eine Umbewertung der Textilkunst, als Folge feministischer Positionen, ermöglichte aber in den 1990er Jahren ein Zurechtrücken, ein Revival des Wandteppichs. Als Beispiele seien Salomé Bäumlin, Louise Bourgeois und Kiki Smith herausgegriffen, viele andere würden mit ihren Arbeiten hier dazugehören.

Salomé Bäumlin (*1980), lebt und arbeitet in Bern und Marokko. Die Tapisserie steht im Zentrum ihres Schaffens. In direkter Zusammenarbeit mit Berberfrauen in Marokko und mit Einbezug marokkanischer Handwerkstradition entstehen Wandteppiche in Knüpf- und Webtechniken nach ihren Entwürfen.

Kiki Smith (*1954) Deutsch-Amerikanerin, in New York lebend, schuf eine 12-teilige Tapisserie, in der sie eine Art Schöpfungsgeschichte, einen Weltentwurf darstellt. Jedes Bild misst 287 x 190 cm. Sie nimmt mit ihrer Arbeit Bezug zur grossen Tapisserie „Apokalypse von Angers“, die in den Jahren 1373 bis 1382 für eine herzogliche Residenz ausgeführt wurde und als grösste je in Europa gewobene Teppicharbeit gilt. Die ursprüngliche Länge betrug riesige 140 m auf 6 m, heute noch 103 m auf 4,3 m.

Louise Bourgeois, geboren 1911 in Paris, gestorben 2010 in New York, ist mit Tapisserien aufgewachsen. Ihre Eltern hatten einen Betrieb für die Restaurierung antiker Wandteppiche. Ihre Mutter war spezialisiert aufs Weben, Stricken, Nähen. Darum auch Bourgeois' grosse Spinnen-Skulptur als die webende Mutter, darum auch die aus Kleiderstoffresten gefertigten Bilder, die gewebten, genähten und bestickten Objekte.

Ähnlich den Wandteppichen hat sich der Umgang mit dem Wandbild, dem auf die Wand aufgemalten geändert. Eingangsbereiche in öffentlichen Gebäuden, namentlich Schulen, Kirchgemeindehäusern, Banken, Büros wurden häufig mit passenden Illustrationen gestaltet: Märchenszenen oder die Arche Noah in Unterschulen, Sinnbilder der Tugenden und Künste in Oberschulen, namentlich in Bahnhofshallen und Schalterhallen geografische Schönheiten der Schweiz. Judith Müllers grosse Arbeit in der Basler Hauptpost, ihre mythologischen oder märchenszenischen Darstellungen in Schulen, Meret Oppenheims *Wolke und Gestirne* (Relief) im Treppenhaus der BFF in Bern, sind Beispiele künstlerischer Präsenz im öffentlichen Raum, die heute kaum mehr in dieser Art vermittelt wird.

Geschäftsräumlichkeiten durch Künstler:innen gestalten zu lassen, war nicht unüblich. Wandmalereien mit Bezug zum Handelsgut, also indirekt werbend, sind da zu erwähnen. Judith Müllers Darstellung des *gestiefelten Katers* im Schuhgeschäft gehört dazu, doch existieren davon nur noch Fotografien. Das Original wird übermalt worden sein, wenn nicht bei Umbauarbeiten zerstört. Die auf der Rückseite des Fotos in Handschrift angegebene Information *Gestiefelter Kater / Wandbild / 1958 / Schuhladen Spitalgasse Bern / damals 'Fre-*

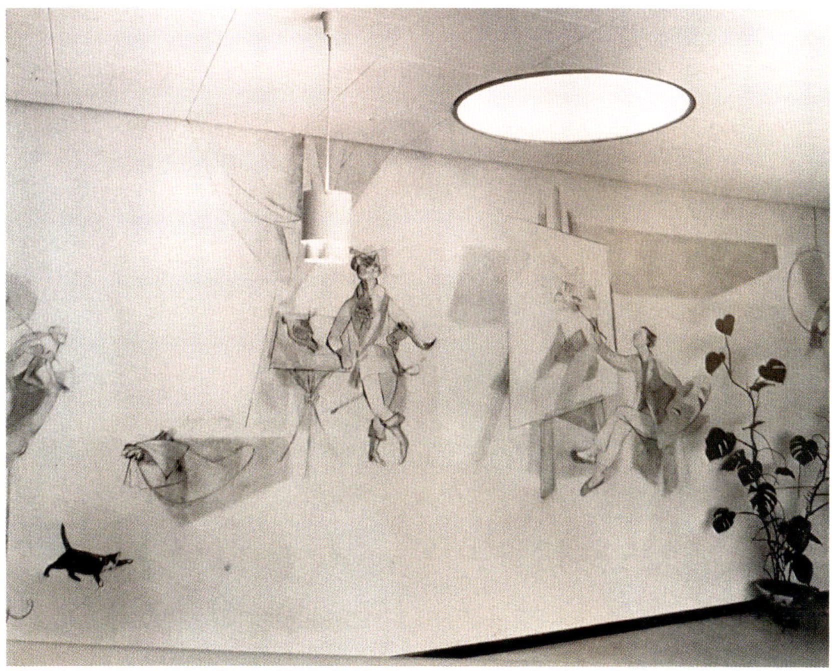

Judith Müller, *Gestiefelter Kater*, Wandbild 1958

mo' lässt das definitive Verschwinden vermuten. Wandbilder bewegen sich zwischen Zerstörung und Renovation. Um bei Judith Müller zu bleiben: Ihr Wandbild in der Schulanlage Horbern in Muri bei Bern wurde hingegen letzthin renoviert.

Das Werbeplakat gehört ebenfalls in diese Betrachtungen der öffentlichen Auftritte von Künstler:innen im Grenzgebiet Werbung, Dekoration und Kunst im öffentlichen Raum. Künstler:innen wurden beauftragt für die Gestaltung von Werbeplakaten. Man denke an Hans Jegerlehners Plakatmalerei im Auftrag der SBB und für Wintersportorte und deren Bahnen. Das geschah im Zusammenhang mit dem Aufkommen des alpinen Tourismus, mit der Erschliessung der Berge durch Bergbahnen.

Kunst am Bau, das wie selbstverständliche Einbeziehen von Künstler:innen in die Planung und Ausführung von Bauten, ist erodiert. Dass ein festgeschriebener Prozentsatz der Bausumme in den künstlerischen Schmuck fliessen sollte, war eine Grosszügigkeit und gang und gäbe, aber nicht Gesetz. Das ultimative Diktat der Kosten und die Definition der Architektur als Kunst an sich haben Beteiligungen von Künstler:innen stark reduziert.

Ein Nachwort

Das Haus hat nun erzählt, mittels seiner ihm eingeschriebenen Zeichen und Spuren. Die Geschichte des Künstlerhauses ist durch die Stimmen, die Werke, die Zeugnisse der Künstler:innen, die hier ihre Ateliers hatten und noch haben, erzählt. Das Buch ist deren Speicher. Ein Doppelportrait ist entstanden.

Das Einmalige des Künstlerhauses zeigt sich in mehreren Belangen: Im Haus als solchem, das durch seine Belassenheit ein Bild ansonsten kaum mehr vorhandener originaler Altstadt aufweist. Des Weiteren dadurch, dass es eines der ersten Projekte privater Kulturförderung überhaupt in Bern ist, sicherlich das erste, das sich über Jahrzehnte bis in die Gegenwart in mehr oder weniger ähnlicher Form erhalten hat, als offener Ort für Kunstschaffende, als heterogen sich fügende Ateliergemeinschaft ohne jegliche institutionelle Struktur, lediglich geprägt durch den Ort und den Ausdrucksdrang der hier Tätigen. Zudem im gewichtigen, die Einmaligkeit unterstreichenden Aspekt des sehr hohen, mehrheitlichen Anteils der hier arbeitenden Künstlerinnen.

NACHWORT

Dadurch, dass das vorliegende Buch die neunzigjährige Geschichte dieses Kunstortes in Text und Bild aufzeichnet, bleibt das Künstlerhaus der Geschichte Bernischen Kunstschaffens eingeschrieben und in dem Sinn erhalten.

Die Autorinnen

Iris Gerber Ritter

Autorin und Pianistin, Bern.

Als Autorin: Buchveröffentlichungen *Nachtwerk – Hommage an eine Komponistin,* eine Biografie der Berner Komponistin Margrit Zimmermann (Zytglogge Verlag, 2011), *Augustos Füsse – Erzählungen, Lyrik und Prosagedichte* (Edition bianchi-neri, 2016), *Blättern im Kopfkissenbuch – Eine Begegnung mit Sei Shonagon* (Edition bianchi-neri, 2020).

Als Pianistin: Spezialisiert auf die Interpretation zeitgenössischer Musik für Klavier und Toypiano. Solorezitals seit 1986 hauptsächlich im Konzept der *Musikwerkstatt Alte Schmiede* in Wien. Interdisziplinäre, performative Auftritte in Zusammenarbeit mit Bildender Kunst und Text.

AUTORINNEN

Nurja G. Ritter

Kunsthistorikerin, Autorin und Kuratorin. Studium in Bern, Berlin und Wien. Ihre beruflichen Engagements führten sie in unterschiedliche Institutionen, dazu gehören das mumok Museum Moderner Kunst Stiftung Ludwig Wien, das Aargauer Kunsthaus, das Schweizerische Institut für Kunstwissenschaft in Zürich und das Migros Museum für Gegenwartskunst in Zürich. Ihre Texte sind in verschiedenen Publikationen veröffentlicht. Als freischaffende Kuratorin realisierte sie unter anderem im Künstlerhaus Ausstellungsprojekte.

DANK

Mein herzlicher Dank geht an all jene, die mich mit Gesprächen, mit ihrem Erzählen, mit ihren Texten und Bildern in der Arbeit unterstützten, die mir Sammlungen, private oder institutionelle, zur Verfügung stellten und damit meiner Recherche dienten und zum Gelingen des Buches beigetragen haben. Besonderen Dank für ihre Anteilnahme am Gesamtprojekt, für inspirierende Hinweise und das Mitdenken richte ich an Nurja G. Ritter.

Ich bedanke mich für die zahlreichen und verschiedenartigen Beteiligungen und Beiträge bei Pia Berla, Barbara Büttner, Verena Felber, Bernhard Giger, Liselotte Haas, Nick Hosig, Judith Luks, Pedro Meier, Werner Nuber, Marie-Françoise Robert, Andreas Roth, Reini Rühlin, Marianne Vögeli, und bei den Mitarbeiterinnen des Kunstmuseums Thun, des Kunsthauses Grenchen, der Burgerbibliothek Bern und ArchivArte.

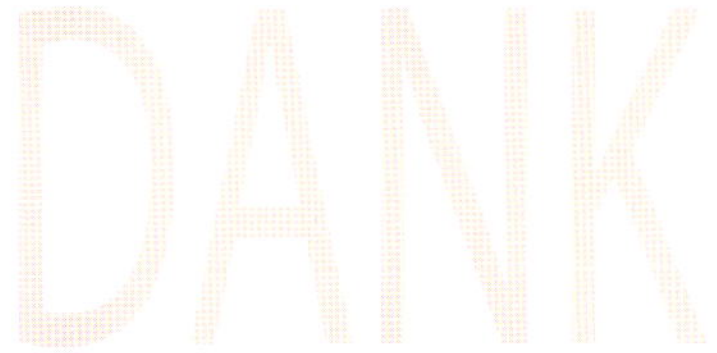

Beim Verlag Königshausen & Neumann Würzburg bedanke ich mich für die umfassende Aufmerksamkeit und Sorgfalt, für die immer entgegenkommende Bereitschaft im Interesse, Schönes entstehen zu lassen.

Herzlich gedankt sei den folgenden Institutionen.
Ihre Unterstützungen ermöglichten den Weg vom Projekt zum Buch.

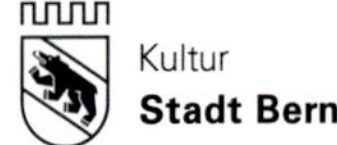

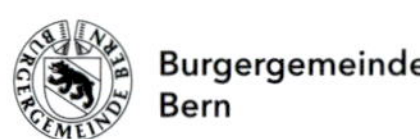

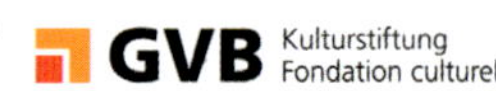

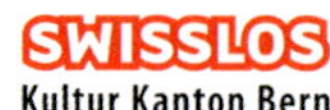

RUTH & ARTHUR SCHERBARTH STIFTUNG

Fotos: Iris Gerber Ritter, zudem Abbildungen und/oder Objekte von den jeweiligen Künster:innen resp. deren Nachlassverwalter:innen zur Verfügung gestellt. S. 71 Kunstmuseum Thun; S. 77, 78 oben, 82, 83, 84, 85 unten, 183 ArchivArte Bern; S. 88, 89, 90 Kunsthaus Grenchen; S. 92 'Clic' Leonardo Bezzola; S. 94, 95 (Fotograf Albert Winkler 1915-1978), 98 Burgerbibliothek Bern; S. 96, 97, 99 Nachlass Egbert Moehsnang.

Bibliografische Information der Deutschen Nationalbibliothek
Die Deutsche Nationalbibliothek verzeichnet diese Publikation in der Deutschen Nationalbibliografie; detaillierte bibliografische Daten sind im Internet über http://dnb.d-nb.de abrufbar.

Gedruckt auf säurefreiem, alterungsbeständigem Papier
Lektorat: Barbara Büttner
Umschlag: skh-softics/coverart
Umschlagabbildung: o. links: E. Moehsnang; o. rechts: W. Vögeli; u. links: J. Müller; u. rechts: M.-F. Robert.

Printed in Germany

ISBN 978-3-8260-8115-6
eISBN 978-3-8260-8441-6

www.koenigshausen-neumann.de
www.ebook.de
www.buchhandel.de
www.buchkatalog.de